¿Qué hay?

Segunda Edición

CUADERNO PARA CSEC®

T0347350

Christine Haylett

Jeffrey Britton

Margaret Leacock

Yorley Mendez

Ariola Pasos

Georgia Pinnock

Anji Ramnarine

OXFORD

UNIVERSITY PRESS

En familia

Hablando de mí

It is the new term at school. You sit next to a new pupil in a lesson. They are very interested to find out all about you and write notes asking a series of questions. How do you respond to these questions?

¿Cómo te llamas?

¿Cuántas personas hay en tu familia?

_____

_____

¿De dónde eres?

¿Quiénes son?

_____

_____

¿Cuántos años tienes?

¿Cómo se llaman los miembros de tu familia?

_____

_____

¿Dónde vives?

¿Cuántos años tienen tus papás?

_____

_____

Los miembros de la familia

Ejercicio 2

Study the Iglesias' family tree. Are the following statements true or false?

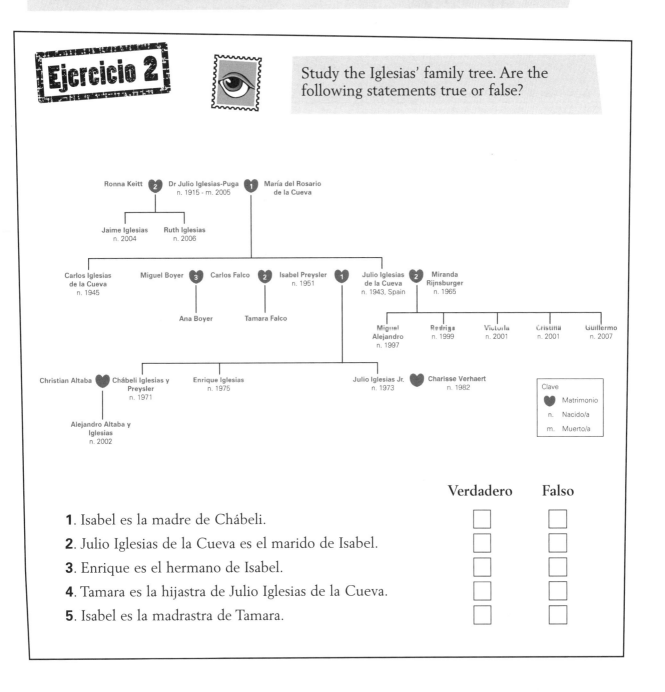

	Verdadero	Falso
1. Isabel es la madre de Chábeli.	☐	☐
2. Julio Iglesias de la Cueva es el marido de Isabel.	☐	☐
3. Enrique es el hermano de Isabel.	☐	☐
4. Tamara es la hijastra de Julio Iglesias de la Cueva.	☐	☐
5. Isabel es la madrastra de Tamara.	☐	☐

Imagine you are introducing a member of your family to a new friend. What would you say? Give some interesting details about your family member in the introduction.

_____

_____

_____

_____

_____

_____

_____

¿Tú o Vd.?

Choose the correct form of the verb to complete the following dialogue.

Tu papá está en una reunión de negocios. Ve a un amigo.

Eduardo: Hola Juan. ¿Qué tal (1) está/estás?

Juan: Muy bien, gracias, Eduardo. ¡Cuánto tiempo sin (2) verte/verle! ¿(3) Conoces/Conoce a Ricardo Mondrián?

Eduardo: No, mucho gusto, Ricardo.

Ricardo: Encantado, Eduardo. Juan me ha hablado mucho de (4) ti/Vd. ¿Cómo (5) conoces/conoce a Juan?

Eduardo: Somos vecinos. ¿Y (6) tú/Vd.?

Ricardo: Somos amigos desde la infancia. Yo soy de la capital y él es de un pueblo en las afueras. Fuimos al mismo colegio.

You are presenting a number of delegates at a conference. Each has given you a business card giving their professional details. How would you introduce them to an audience?

> Éste es Jorge Samosagua. Es profesor y experto en matemáticas, y es de Madrid en España.

Jorge Samosagua
Profesor
Experto en matemáticas
MADRID, ESPAÑA

> _____
> _____
> _____

Rafael Pontevedra
ARQUITECTO

Bogotá, Colombia

> _____
> _____
> _____

Alicia Morango

DISEÑADORA DE MODA INFANTIL

Basada en Buenos Aires
Oficinas en Santiago y Lima

> _____
> _____
> _____

SANDRA ALBERTO GALÁN
MÉDICA

ENTRENADORA DEPORTIVA
LA HABANA, CUBA

Lo que más me importa

Read the following descriptions of each young person's interests, then answer the questions that follow.

Rolando Alatorre
17 años
Houston, EE.UU
Lo que más me importa es mi familia, mi cultura, nuestro mundo. La música que escucho es *rap* en español, rock o cualquier tipo de música que hable de lo que está pasando en el mundo.

Mario Cabrera
16 años
Ciudad de México, México
Lo que más me importa es mi familia y los amigos,
y la música, que me ayuda con mis problemas.
Cuando estoy triste la música me alegra.
Mi grupo favorito es los *Beatles*. Su música expresa
algo bello y con sentido. Me habría gustado
entrevistar a John Lennon para saber el secreto de
cómo componer canciones tan bellas.

Alejandro Ávila
15 años
San Salvador, El Salvador
Lo que más me importa es mi
familia porque me dieron la
vida a mí y a mi hermana.
La música que me gusta es
del género *hip-hop*.

Agustín Montard
15 años
Santiago, Chile
Lo que más me importan a mí
son los videojuegos. Empecé a
los 13 años y desde entonces
no he parado. Es una forma de
relajación y de diversión.

María Casals
16 años
Mendoza, Argentina
Me importan muchísimo los
estudios porque quiero ser
médico algún día.

Regina Castillo
14 años
Ciudad de México, México
Lo que más me importa es
bailar, la música, leer, la
pintura, el arte en general. Mi
padre es bailarín profesional
y vivo en el mundo del arte.
La música que escucho más
es tipo *country*.

1. ¿Quién quiere trabajar en un hospital? _____

2. ¿Quién es el más artístico? _____

3. ¿A quién le gusta la actualidad? _____

4. ¿Quién es muy pensativo? _____

5. ¿A quién le gustan los juegos de computadora? _____

6. ¿Quién habla de otro niño en la familia? _____

7. ¿Quién trabaja mucho en el colegio? _____

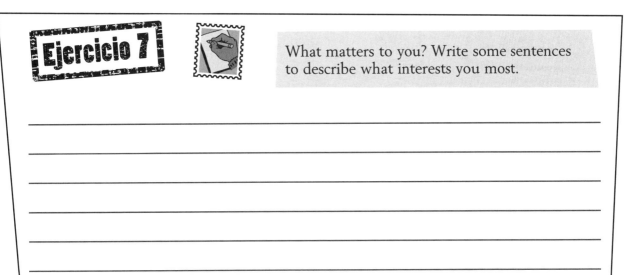

Ejercicio 7

What matters to you? Write some sentences to describe what interests you most.

_____

_____

_____

_____

_____

_____

Práctica de los verbos

Ejercicio 8

Complete the following sentences with the correct form of the present tense of the verb in brackets.

1. Mis padres (volver) _____ tarde del trabajo.

2. Yo (salir) _____ de casa a las ocho de la mañana.

3. Las clases (empezar) _____ a las nueve menos diez.

4. ¿(Saber) _____ tú cuando sale Mario?

5. Yo (conocer) _____ a su hermano.

6. Mi abuelo (dormir) _____ mucho.

7. ¿(Jugar) _____ nosotros al críquet mañana?

8. Yo (tener) _____ mucha sed.

9. ¿Tú (ir) _____ al cine este fin de semana?

10. La tienda se (cerrar) _____ a las siete de la tarde.

Ejercicio 9

Complete the following questions with a suitable question word.

1. ¿_____ idiomas hablas?

2. ¿_____ asignaturas estudias?

3. ¿_____ deportes practicas?

4. Quiero aprender a tocar un instrumento.

   ¿_____?

5. ¿_____ viven Vds.?

6. ¿_____ juegas al fútbol?

7. ¿_____ te gusta el español?

8. ¿_____ te gusta ir el fin de semana?

9. ¿_____ es tu padre?

10. ¿_____ está en el aula?

¿Qué estás haciendo?

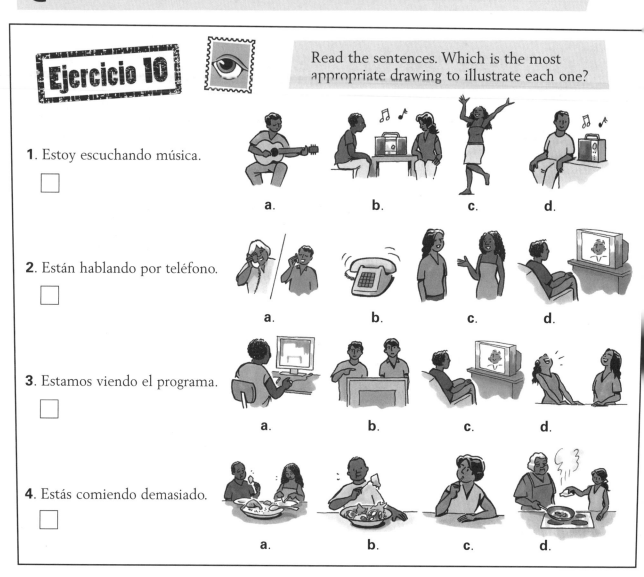

Ejercicio 10

Read the sentences. Which is the most appropriate drawing to illustrate each one?

1. Estoy escuchando música. ☐

   a.　　b.　　c.　　d.

2. Están hablando por teléfono. ☐

   a.　　b.　　c.　　d.

3. Estamos viendo el programa. ☐

   a.　　b.　　c.　　d.

4. Estás comiendo demasiado. ☐

   a.　　b.　　c.　　d.

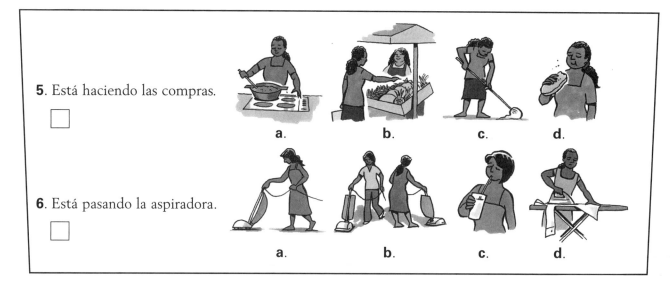

5. Está haciendo las compras.

☐

a.   b.   c.   d.

6. Está pasando la aspiradora.

☐

a.   b.   c.   d.

You are being asked to do various things, none of which you want to do. Respond to the invitations with your excuses, using the present continuous tense to say what you are doing.

1. Susana, ¿quieres fregar los platos por favor? _____

_____

2. Enrique, vamos al parque, ¿quieres venir con nosotros? _____

_____

3. Pablo, ¿te gustaría ir al cine esta tarde? _____

_____

4. Teresa, ¿puedes sacar la basura? _____

_____

5. Luisa, ¿me ayudas a preparar la cena? _____

_____

6. Lorenzo, ¿por qué no arreglas tu dormitorio? _____

_____

Comparando

URUGUAY Y PARAGUAY – UNAS ESTADÍSTICAS

	URUGUAY	PARAGUAY
Superficie	176,215 kilómetros cuadrados	406,752 kilómetros cuadrados
Población	3,324,460	6,623,252
Moneda	peso uruguayo	guaraní
Idiomas	español (oficial), español rioplatense, portuñol riverense	español, guaraní
Religión	66% católicos	90% católicos
Desempleo	6.1%	6.9%
PIB*	$16,200 p.c.	$6,200 p.c.
Exportaciones	carne, arroz, soja	soja, algodón, carne
Importaciones	aceite crudo y refinado, vehículos de transporte	vehículos, tabaco
Usuarios de internet	1,855,000	1,563,440

*PIB = Producto Interno Bruto – Gross Domestic Product (GDP)

Ejercicio 12

True or false? Study the table above and state if the following are true or false?

	Verdadero	Falso
1. Paraguay es un país más grande que Uruguay.	☐	☐
2. Uruguay tiene más habitantes que Paraguay.	☐	☐
3. Hablan más idiomas en Uruguay que en Paraguay.	☐	☐
4. Paraguay es un país más rico por habitante.	☐	☐
5. Más gente está en paro en Paraguay que en Uruguay.	☐	☐
6. Hay menos gente que usa internet en Uruguay.	☐	☐

Los animales domésticos

When it comes to pets, the Hispanic world is like other countries. Dogs and cats are the most common pets. People also have birds and fish, and less commonly rats, mice and even lizards and snakes.

Answer the questions about your own pets.

¿Tienes un animal en casa?_____

¿Qué es?_____

¿Cómo se llama?_____

¿Cómo es?_____

¿Dónde duerme?_____

Read the following and then say if the statements that follow are true or false.

Mi perro se llama Lubo. Tiene 8 años. No es un perro de pura raza, y es bastante grande. Tiene el pelo negro y largo, y es cariñoso pero no muy inteligente. Es un perro muy alegre, siempre menea la cola como un loco.

Es muy ruidoso. Ladra mucho cuando no sabe qué hacer. No le hacemos caso porque ladra demasiado. ¡Es su manera de comunicarse!

Come mucho también. Le gusta comer de todo… ¡hasta la comida del gato! Y bebe agua o leche, pero le encanta también el té.

Siempre quiere hacer lo que hacemos nosotros. Si salimos, él sale. Si comemos, él come. Cuando nos acostamos, se acuesta también, pero prefiere acostarse con nosotros. Él cree que es un miembro más de la familia.

	Verdadero	Falso
1. Lubo tiene ocho meses.	☐	☐
2. Es bastante tonto.	☐	☐
3. Hace mucho ruido.	☐	☐
4. No come mucho.	☐	☐
5. Le gusta el café.	☐	☐
6. Se acuesta en el jardín.	☐	☐

¡Vamos a casa!

Hablando de casas

Ejercicio 1

Complete the following sentences using the appropriate words or phrases from the box.

1. Sara prefiere la _____ de Mercedes porque es más grande.

2. En la casa de Mercedes hay un jardín muy _____ .

3. En el _____ de Sara no _____ jardín.

4. Mercedes prefiere la _____ porque hay mucho que hacer.

5. No le _____ las afueras porque están _____ del colegio.

6. Sara va al _____ andando.

7. Tiene que cerrar las _____ a causa del ruido y la _____ .

8. Mercedes quiere _____ en el centro.

apartamento

lejos   ciudad

casa   vivir

ventanas

hay   bonito

contaminación

gustan

colegio

Ejercicio 2

You are going to rent a house for a family holiday. You have information about two houses. Write a note (of at least five sentences) for your mother, to say which you prefer and why.

Use phrases such as:

Pienso que…, Me parece que…, Prefiero…, En mi opinión…

AGENCIA CENTRAL

apartamento moderno
céntrico
con tres dormitorios
cerca de la plaza mayor
y la estación de autobuses
no hay aparcamiento

CASAS RURALES

casa antigua
de 5 dormitorios
en el campo
a 3 kms de la ciudad
jardín grande
servicio de autobús a la ciudad: 2 al día

_____

_____

_____

_____

Prepare answers for the following questions about your house.

1. ¿Cómo es tu casa? _____

2. ¿Cuántas habitaciones hay? _____

3. ¿Qué son las habitaciones? _____

4. ¿Cómo es tu dormitorio?_____

5. ¿Cuál es tu habitación favorita? ¿Por qué? _____

_____

Algo de gramática

Choose the correct relative pronoun from those given in the following examples. Delete those which are incorrect.

1. El libro que/quien/el cual/cuyo estoy leyendo me gusta mucho.

2. El chico con que/quien/cuyo/el cual salgo es muy guapo.

3. El vaso que/quien/cuyo/el cual rompí era muy caro.

4. He visto la moto que/quien/cuyo/el cual motor es muy ruidoso.

5. Mi casa es ésta, delante de que/quien/cuya/la cual está el árbol grande.

6. ¿Quién es la chica que/quien/cuyo/la cual vi en el parque?

7. Fernando es el chico que/quien/cuya/la cual bicicleta pedí prestada.

8. Es una asignatura de que/quien/cuya/la cual sé muy poco.

9. Vamos a quedarnos en el hotel que/quienes/cuyos/los cuales jardines dan sobre la playa.

10. ¿Conoces al hombre que/quien/cuyo/el cual hijo va al colegio con Jaime?

Choose the correct possessive adjectives from those given in the box below to complete the following dialogue.

Hija: Mamá, ¿dónde están 1. _____ zapatos?

Madre: No sé. Quizás en 2. _____ habitación, debajo de 3. _____ cama.

Hija: No, éstos son de Juan. No sé por qué siempre deja 4. _____ cosas
         en 5. _____ habitación.

Madre: Los dos son muy desordenados, sobre todo con 6. _____ ropa. ¿Por qué
         no buscas en la habitación de 7. _____ hermano?

Más tarde…

Hija: Sí, mamá, tienes razón. He encontrado 8. _____ zapatos, y también
         9. _____ jersey nuevo que compré el fin de semana pasado. No es justo.

Madre: Voy a hablar con él, pero tú tienes que cuidar mejor 10. _____ cosas.

1. a. mi **b.** tu **c.** mis **d.** nuestro	**6. a.** su **b.** tu **c.** nuestra **d.** mi
2. a. tus **b.** mis **c.** sus **d.** tu	**7. a.** mi **b.** su **c.** tu **d.** sus
3. a. tu **b.** nuestras **c.** mis **d.** nuestro	**8. a.** nuestro **b.** su **c.** mis **d.** sus
4. a. su **b.** sus **c.** tus **d.** nuestro	**9. a.** mi **b.** tus **c.** sus **d.** mis
5. a. tu **b.** su **c.** mi **d.** nuestro	**10. a.** tu **b.** su **c.** tus **d.** sus

Reply to the following questions, using the correct possessive pronoun in your answer.

1. Mis padres están en Colombia. ¿Dónde están los tuyos?

_____

2. Su casa es muy bonita. ¿Cómo es la tuya?

_____

3. ¡Hola, Juan y Alicia! ¿Es éste su carro?

_____

4. ¿Esa chica alta es la novia de Roberto?

No, _____

5. ¿Son éstas tus gafas, las negras?

No, _____

6. Mi hermano es muy inteligente. ¿Y el tuyo?

_____

7. Marta y Alonso, ¿son aquéllos sus libros de español en la mesa?

_____

8. Javier, tus zapatos están aquí, pero ¿dónde están los de Pedro?

_____

Prepare six sentences comparing something you have with something your classmate has. Use the pronouns _tuyo_, _mío_, etc.

_____

_____

_____

_____

_____

_____

Ayudando en casa

Read the following carefully. Then answer the questions on page 16 in English.

Mi familia

Mi familia es bastante grande. Somos cinco en casa, pero tenemos muchísimos parientes, porque mis dos papás son de familia numerosa. Generalmente nos llevamos bien, pero, como en todas las familias, a veces hay disputas. Normalmente se tratan de a quién le toca hacer una tarea doméstica.

Todos tenemos nuestras responsabilidades: por ejemplo, yo saco la basura, mi padre friega los platos, mi hermana menor pone y quita la mesa, y mis hermanos ayudan a hacer las compras y a preparar la comida. Y tenemos que arreglar nuestro propio dormitorio.

Pero aparte de las tareas, nos divertimos mucho juntos. Entre semana comemos juntos, y hablamos del colegio o del trabajo. Después hacemos los deberes, o chateamos en internet con los amigos. Pero el fin de semana salimos juntos al cine, a pasear en el campo o vamos a la playa. Lo pasamos muy bien.

VOCABULARIO Y FRASES ÚTILES

la disputa – *argument*

tratarse de – *to be about*

sacar la basura – *to take out the rubbish*

fregar los platos (e→ie) – *to wash the dishes*

poner la mesa – *to set the table*

quitar la mesa – *to clear the table*

ayudar a – *to help to*

hacer las compras – *to do the shopping*

arreglar el dormitorio – *to tidy the bedroom*

divertirse – *to enjoy oneself*

juntos – *together*

entre semana – *on weekdays*

el fin de semana – *weekend*

1. Why do they have such a large extended family? (2 details)

_____

_____

2. In what way are they similar to many families?

_____

3. What is the general cause of the arguments?

_____

4. Who takes out the garbage?

_____

5. Who is responsible for the table at mealtimes? (2 details)

_____

_____

6. How do his brothers help? (2 details)

_____

_____

7. How do they spend time together in the week?

_____

8. What do they do after eating? (2 activities)

_____

_____

9. Name two things they may do at weekends.

_____

10. What do they think about these activities?

_____

¿Cómo era?

Ejercicio 9

Match the appropriate drawing with the following phrases.

Cuando era más joven…

1. bailaba todos los días. _____

2. me acostaba temprano. _____

3. jugaba con muñecas. _____

4. no comía huevos. _____

5. era muy baja. _____

6. mi mamá me vestía. _____

7. iba al colegio en bicicleta. _____

8. hacía buen tiempo todos los días. _____

9. no bebía café. _____

10. teníamos un carro antiguo. _____

a.   **b**.   **c**.

d.   **e**.   **f**.

g.   **h**.   **i**.

j.

Ejercicio 10

Complete the following sentences with the correct form of the imperfect tense of the verb in brackets.

1. (Hacer) _____ buen tiempo.

2. De niño no me (gustar) _____ el chocolate.

3. La profesora de biología (hablar) _____ muy rápidamente.

4. Nosotros no (entender) _____ nada.

5. Y además ella (escribir) _____ muy mal en la pizarra también.

6. (Ser) _____ muy difícil.

7. Yo (tener) _____ muchos problemas con las ciencias.

8. Nosotros (sacar) _____ muy malas notas.

9. Ella no se (dar)_____ cuenta del problema.

10. Ella (ver) _____ las tareas mal hechas, pero no (decir) _____ nada.

En el pasado

Read some details from grandfather's story. Then choose the correct answer for each question.

Me casé en el año 1956, hace unos cincuenta años, y nos mudamos a esta casa después de la boda. Tu tío nació dos años después y luego nació tu padre dos años más tarde. Llevamos muchos años aquí.

Construimos más habitaciones para ampliar la casa cuando nació tu tía. Y hace diez años compramos la casa de la vecina de al lado, y ahora tenemos mucho espacio en el jardín, y una casa muy grande.

1. What happened in 1956?

   a. Grandfather was born.

   b. Grandfather died.

   c. Grandfather got married.

   d. Grandfather got divorced.

2. When was the first child born?

   a. In 1956.

   b. Fifty years later.

   c. In 1958.

   d. In 1960.

3. When did they expand the house?

   a. When his aunt was born.

   b. When his uncle was born.

   c. When his father was born.

   d. When the neighbour was born.

4. When did they buy the neighbour's house?

   a. When he was ten.

   b. Ten years after he got married.

   c. Ten years ago.

   d. When his aunt was born.

Read this passage and choose the correct answer to the questions that follow.

El otro día salí con mis amigos en la ciudad. Mi padre me llevó al centro en su carro. Primero hicimos las compras, y luego comimos en la cafetería. Por la tarde fuimos al cine y vimos una película de acción. Volvimos a casa en autobús a las seis.

1. ¿Con quién salió?

    a. Con los compañeros. ☐

    b. Con los primos. ☐

    c. Con los padres. ☐

2. ¿Cómo llegó?

    a. En autobús. ☐

    b. En carro. ☐

    c. A pie. ☐

3. ¿Qué hicieron al principio?

    a. Comieron. ☐

    b. Fueron de compras. ☐

    c. Fueron al cine. ☐

4. ¿Dónde comieron?

    a. En el centro comercial. ☐

    b. En la tienda. ☐

    c. En la cafetería. ☐

5. ¿A dónde fueron por la tarde?

    a. Al restaurante. ☐

    b. Al cine. ☐

    c. Al centro comercial. ☐

6. ¿Cómo volvieron a casa?

    a. En autobús. ☐

    b. En coche. ☐

    c. En taxi. ☐

Ejercicio 13

Read this dialogue and underline the correct past tense from those suggested.

Manuel: Hola Jaime, ¡cuánto tiempo sin verte! ¿Qué tal?

Jaime: Estoy muy triste.

Manuel: ¿Por qué? ¿Qué (1) pasó/ha pasado/pasaba?

Jaime: (2) Recibí/He recibido/Recibía malas noticias. (3) Murió/Ha muerto/Se moría el abuelo de mi amigo Eduardo y toda la familia *está desconsolada*.

Manuel: ¡Hombre! ¡Mi más sincero pésame! ¿Cuándo (4) ocurrió/ha occurido/occuría?

Jaime: Anoche. Me (5) llamaron/han llamado/llamaban esta mañana. Parece que el abuelo (6) paseó/ha paseado/paseaba por la plaza mayor del pueblo cuando de repente (7) se cayó/se ha caído/se caía. Los médicos (8) dijeron/han dicho/decían que (9) tuvo/ha tenido/tenía problemas del corazón y que le (10) vieron/han visto/veían en el hospital hace unas semanas.

Manuel: ¡Cuánto lo siento! Voy a llamar a la familia de Eduardo.

Llovía cuando salí

Choose the correct alternative in the following sentences.

1. Hizo/Hacía mucho calor y decidí/decidía no llevar mi jersey.

2. Me gustó/gustaba la exposición. Los cuadros fueron/eran muy bonitos.

3. Mi bisabuelo fue/era muy alto. Vi/Veía su foto el otro día.

4. El año pasado estudié/estudiaba más porque los exámenes fueron más difíciles.

5. Busqué/Buscaba mi libro de matemáticas, cuando encontré/encontraba mi tarea de química.

6. Mi pueblo fue/era muy tranquilo hasta que construyeron/construían la autopista.

7. Mi padre nació/nacía en la República Dominicana.

8. Vi/Veía el programa anoche cuando me llamó/llamaba.

9. Vi/Veía el programa anoche. Fue/Era muy interesante.

10. El carro fue/iba hacia la estación cuando el camión salió/salía del estacionamiento.

Ejercicio 15

Prepare an account of a visit to a place or a shop, or an excursion you made, in 5–6 sentences. Use verb tenses in the preterite or the imperfect in your account. Then show your work to a classmate for their comments.

_____

_____

_____

_____

_____

_____

_____

_____

¿Qué estabas haciendo?

A window has been broken at school during break time. The teacher wants to find out who is responsible and asks you the following questions. Answer using the past continuous tense.

¿Qué estabas haciendo durante el recreo? _____

_____

¿Con quién? _____

_____

¿Dónde? _____

_____

¿Qué estaban haciendo tus amigos? _____

_____

En tu opinión, ¿qué estaba haciendo el que rompió la ventana? _____

_____

¡Toma!

Complete the grid with the correct form of the imperatives, as required.

Infinitive	Familiar singular command	Polite singular command	Plural command	'Nosotros' form	'¡Que…!'
terminar – to finish	¡termina!	1.	2.	¡terminemos!	¡que termine!
beber – to drink	3.	¡beba!	¡beban!	¡bebamos!	4.
decidir – to decide	¡decide!	5.	¡decidan!	6.	¡que decida!
pensar – to think	7.	¡piense!	8.	¡pensemos!	9.
seguir – to continue	¡sigue!	10.	¡sigan!	¡sigamos!	11.
hacer – to do, make	12.	¡haga!	13.	14.	¡que haga!
salir – to leave	¡sal!	15.	¡salgan!	16.	17.
jugar – to play	18.	¡juegue!	19.	¡juguemos!	20.
sacar – to take (out)	¡saca!	21.	¡saquen!	22.	¡que saque!
tener – to have	23.	24.	¡tengan!	¡tengamos…!	25.

¡A estudiar!

¿Qué vas a hacer?

Ejercicio 1

Some young people are talking about what they are going to do in the future. Which profession matches each description?

1. Voy a cuidar a los enfermos.
2. Voy a tratar de reparar carros y camiones.
3. Voy a representar a la gente en los tribunales.
4. Voy a cultivar alimentos y criar animales.
5. Voy a viajar de un sitio a otro en un avión, ayudando a los pasajeros.
6. Voy a escribir sobre lo que pasa en el mundo diariamente.
7. Voy a cortarle el pelo a la gente.
8. Voy a enseñar a los jóvenes.
9. Voy a diseñar edificios y otras construcciones.
10. Voy a preparar comida para el público.

a. Voy a ser periodista.
b. Voy a ser azafata.
c. Voy a ser mecánico.
d. Voy a ser profesor.
e. Voy a ser médico.
f. Voy a ser granjero.
g. Voy a ser abogado.
h. Voy a ser arquitecto.
i. Voy a ser cocinero.
j. Voy a ser peluquero.

Ejercicio 2

Answer the following questions about plans and intentions.

1. ¿Qué vas a hacer esta tarde? _____

2. ¿Qué va a hacer tu hermano mañana? _____

3. ¿Qué van a hacer tus padres pasado mañana? _____

4. ¿Qué vas a hacer el fin de semana que viene? _____

5. ¿Qué vas a estudiar el año que viene? _____

6. ¿Qué vas a dejar de estudiar? _____

Mis padres quieren que...

Complete the following sentences using the example as a model.

Por ejemplo: Mis padres quieren que yo <u>estudie matemáticas</u> pero yo prefiero <u>estudiar idiomas</u>.

1. Mis padres quieren que yo _____ pero yo prefiero _____ .

2. Juan quiere que Ricardo _____ pero él prefiere _____ .

3. Yo quiero que tú _____ pero tú prefieres _____ .

4. Tú quieres que nosotros _____ pero preferimos _____ .

5. Nosotros queremos que ellos _____ pero prefieren _____ .

Asuntos escolares

Ejercicio 4

Read the text about school uniforms, then answer the questions.

A muchos jóvenes de mi colegio no les gusta llevar el uniforme escolar, sobre todo fuera del colegio. Los profesores dicen que es importante comportarse bien, sobre todo si llevas el uniforme, porque te identificas con el colegio y la fama del colegio es importante. Pero quizás los alumnos no quieren ser identificados. O quizás es porque ellos quieren mostrar su individualidad. Dicen que con el uniforme somos todos iguales.

1. ¿Dónde no les gusta llevar el uniforme a muchos alumnos?

   a. en el aula ☐

   b. en el colegio ☐

   c. en la calle ☐

   d. en casa ☐

2. ¿Quiénes dicen que el comportamiento es importante si llevas uniforme?

   a. los alumnos ☐

   b. los padres ☐

   c. los profesores ☐

   d. los del pueblo ☐

3. ¿Por qué no quieren llevar el uniforme?

   a. para ser iguales ☐

   b. para no ser identificados ☐

   c. para nunca ser individuos ☐

   d. para comportarse bien ☐

Espero que...

Ejercicio 5

Match the beginning and ending of these sentences so they make sense. There are a number of possible combinations.

1. El profesor quiere que…
2. Espero que…
3. Me alegro de que…
4. Lo siento que…
5. Es importante que…
6. A mis padres les preocupa que…
7. No creo que…
8. Es posible que…

☐ a. … haya un problema.
☐ b. … vengas mañana.
☐ c. … vaya a México.
☐ d. … sea importante.
☐ e. … estés enfermo.
☐ f. … estudie más.
☐ g. … tengas tiempo para visitarnos.
☐ h. … demos prisa. Si no, vamos a perder el tren.

Ejercicio 6

You have had a difference of opinion with a friend. You write a note to try to restore your good relationship. Complete the sentences below so they convey your feelings.

Isabel, Lo siento mucho que _____
_____. Me preocupa que
_____.
Es importante que _____
_____. No creo que _____
_____. Espero que
_____. Un abrazo
Mariana

En el futuro

Ejercicio 7

Read the following opinion piece. What do you think about it? Answer the questions that follow.

Me parece que pronto no habrá prensa escrita porque las computadoras tomarán el lugar de los periódicos y las revistas. Con la computadora es posible saber qué pasa en el mundo instantáneamente. Y el teléfono celular también facilita la difusión de las noticias con sus mensajes sobre los resultados del fútbol o del béisbol, sus alertas sobre el tráfico, o el pronóstico del tiempo. Una vez publicada, la prensa escrita es ya vieja.

1. How does the speaker see the future?

_____

_____

2. What is the advantage of the computer?

_____

_____

3. Name two specific things you might find out about on your mobile phone.

_____

_____

Complete these sentences with the correct form of the future tense of the verbs in brackets.

1. Yo (estudiar) _____ mucho el año que viene.

2. Nosotros (esperar) _____ dentro del cine.

3. Él (vender) _____ el carro el mes que viene, porque (ir) _____ de viaje.

4. Mis papás (estar) _____ aquí pasado mañana.

5. Yo (tener) _____ que volver a casa pronto.

6. Las chicas (salir) _____ tarde hoy.

7. Tú no (poder) _____ llegar a tiempo.

8. ¿Cuándo (venir) _____ ellos?

9. La semana que viene ellos (saber) _____ el resultado.

10. En el futuro (haber) _____ más tiempo para el ocio.

What is your forecast for tomorrow's weather? Write your predictions in the form of a weather report, using the future tense.

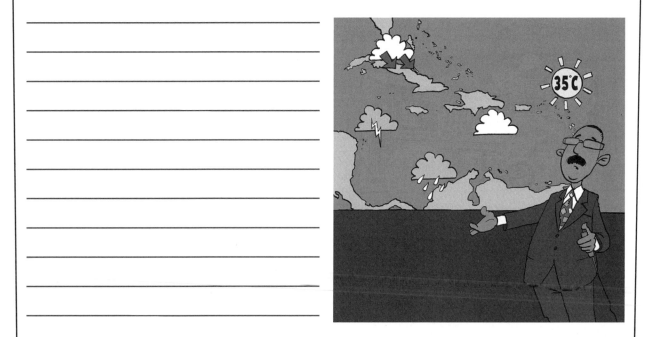

No quiere nunca hacer nada

Read the following conversation, then answer the questions that follow.

Dos amigos conversan sobre el estudio de los idiomas.

Daniel: Tú hablas bien el español. Yo lo encuentro muy difícil.

Victor: Tengo suerte porque mi abuelo es venezolano. Hablamos un poco en casa.

Daniel: Yo nunca hablo en español con nadie. No sé nada del vocabulario. No tengo ningún amigo con quien practicar.

Victor: Bueno, ¿por qué no vienes a casa algún día? Te presento a mi abuelo.

Daniel: ¿Sí? ¡Cómo no! No tengo ninguna oportunidad para practicar.

Victor: Puedes escuchar un CD, o ver la televisión. A veces pasan programas en español.

Daniel: No tenemos ni televisor ni equipo de música en casa.

Victor: O puedes hacer un intercambio escolar. Si te quedas con una familia es una buena manera de conocer a la gente y la cultura de un país.

Daniel: ¡Buena idea!

1. Why does Victor find Spanish easy? (2 reasons) _____

_____

_____

2. Why does Daniel have problems? (3 reasons) _____

_____

_____

_____

3. What three solutions does Victor suggest? _____

_____

_____

_____

4. Why would Daniel find two of these difficult? _____

_____

_____

5. What final suggestion does Victor make? _____

_____

Complete the following sentences, using negatives.

1. Yo llegué a las cinco pero _____.

2. Le llamó por teléfono a mi hermana pero _____.

3. Llegaron al aeropuerto pero _____.

4. Nadie pudo entrar en la discoteca porque _____.

5. No pude hacer los deberes porque _____.

6. No quisieron salir porque _____.

Consejos escolares

¿Estresado? ¿Siempre cansado? ¿Sin ganas de estudiar?

¡Necesitas la nueva fórmula vitamínica *Estudiayuda!*

Sólo hay que tomar una cucharada de nuestra medicina milagrosa al día y tendrás más energía y más poder intelectual para estudiar.

Claro debes dormir al menos ocho horas y tienes que comer una dieta balanceada al mismo tiempo.

Es necesario leer bien las contraindicaciones antes de consumir esta medicina.

You see this advertisement in the newspaper. Answer the questions that follow, choosing the most appropriate of the answers given.

1. ¿A quién está dirigido este anuncio?

   a. a las personas trabajadoras ☐

   b. a las personas que tienen sueño ☐

   c. a las personas inocentes ☐

   d. a las personas inteligentes ☐

2. ¿Qué pretende la medicina?

   a. dar más pelo ☐

   b. dar más fuerza mental ☐

   c. dar más tiempo ☐

   d. dar más preocupaciones ☐

3. ¿Cuáles son las recomendaciones del anuncio?

   a. hay que salir mucho ☐

   b. hay que beber café ☐

   c. hay que comer mucho ☐

   d. hay que llevar una vida bien equilibrada ☐

4. ¿Qué advertencia da?

   a. es importante leer mucho ☐

   b. es importante no hacer funcionar la maquinaria ☐

   c. es importante saber las posibles consecuencias ☐

   d. es importante indicar si no estás de acuerdo ☐

Ejercicio 13

A friend writes to you about how she finds it difficult to study. You reply with advice on how to study well. Complete the letter below with your suggestions

Querida Laura:

Gracias por tu carta. Lo siento que tengas problemas con el estudio.

Es importante _____

Hay que _____

Debes _____

No debes _____

Es necesario _____

Tienes que _____

Espero que lo consigas.

Un abrazo

Sergio

Mi tiempo libre

¿Qué has hecho?

Ejercicio 1

Write the correct part of the perfect tense of the verb in brackets. Be careful – some of the verbs have irregular past participles.

1. ¿(Comprar – tú) _____ las entradas?

2. (Cambiar – yo) _____ los boletos.

3. Mis padres (salir) _____ temprano.

4. Nosotros (tomar) _____ el autobús para ir al centro.

5. La profesora nos (escribir) _____ .

6. ¿Los chicos (romper) _____ la ventana?

7. Mamá (volver) _____ tarde esta mañana.

8. Ya (yo poner) _____ la mesa.

9. ¿(Tú hacer) _____ los deberes?

10. Nosotros (decir) _____ la verdad.

Ejercicio 2

Alonso's mother doesn't want him to go out during the evening, so she thinks of tasks for him. Alonso replies that he has done all of the tasks. What does he say?

Alonso: Mamá. ¿Puedo salir?

Madre: No, Alonso. Todavía tienes que hacer los deberes.

Por ejemplo: Alonso: Mamá, he hecho los deberes.

Madre: ¿Y la cena?

Alonso: _____

Madre: ¿Y no vas a lavar el carro de papá?

Alonso: _____

Madre: ¿Quieres llamar por teléfono a los abuelos?

Alonso: _____

Madre:	¿Y no vas a arreglar tu habitación?
Alonso:	_____
Madre:	¿Por qué no juegas con tu hermana?
Alonso:	_____
Madre:	¿Y puedes leerle un cuento a tu hermano pequeño?
Alonso:	_____
Madre:	Ayúdame a fregar los platos.
Alonso:	_____
Madre:	Y tienes que responder al correo electrónico de tu profesor.
Alonso:	_____
Madre:	Bueno, parece que ya no queda nada que hacer. Puedes salir. Pero ¡no vuelvas tarde!

You receive an email from a friend from whom you haven't heard for a while. The email explains the reasons for this. Read the email and answer the questions that follow.

Hola Jaime:

Hace mucho que no te escribo. Disculpa por no haberte escrito antes. He estado muy ocupado. Me han invitado a participar en una obra de teatro en el colegio y he tenido que asistir a muchos ensayos. He aprendido mi libreto y he practicado mucho. Espero que tengamos éxito. No he tenido tiempo para hacer otra cosa. Mis padres me han dicho que el trabajo escolar debe ser mi prioridad, así que he hecho los deberes en el teatro. Mañana es el estreno. Espero que puedas asistir a la obra alguna noche.

Un abrazo

Miguel

1. What has made Miguel so busy? _____

2. What has he needed to do? _____

3. What have his parents said? _____

4. Where has he done his homework? _____

5. When does the play start its run? _____

Complete the dialogue according to the instructions.

Profesora: Ana, *(she asks why you haven't done your homework).*

_____

Ana: *Reply you haven't had time.*

_____

Profesora: ¿Por qué?

Ana: *Say you have gone to train with the netball team.*

_____

Profesora: *She responds that you haven't said anything about netball.*

_____

Ana: *Say you are sorry. You will do it tonight.*

_____

Vamos al cine

Read the passage, then choose the BEST answer to the questions that follow.

Fui a ver la nueva película de Tom Cruise el viernes pasado y me gustó muchísimo. Fue muy emocionante. El argumento es bastante complicado. Él es agente secreto de la CIA, y también hay una historia romántica. Se enamora de una criminal y de ahí puedes ver cómo se desarrolla. No te voy a contar la historia porque es mejor que la veas.

1. When did Ramón see the film?
 a. last week ☐
 b. yesterday ☐
 c. this afternoon ☐
 d. last year ☐

2. Why did he like it?
 a. it was scary ☐
 b. it was funny ☐
 c. it was intellectual ☐
 d. it was exciting ☐

3. What is the film about?
 a. it is a romantic spy story ☐
 b. it is a ghost story ☐
 c. it is a comedy ☐
 d. it is a crime story ☐

4. Why won't Ramón describe it?
 a. he can't remember it ☐
 b. he is in love ☐
 c. it's too horrific ☐
 d. it's better to see it for oneself ☐

Ejercicio 6

Read the conversation between Magdalena and Teresa. Then complete the sentences with the most appropriate word or phrase.

Magdalena:	¿Quieres ir al cine?
Teresa:	¡Cómo no! ¿Qué vas a ver?
Magdalena:	El nuevo *James Bond*.
Teresa:	La vi ya. Fui con mis padres hace dos días.
Magdalena:	¿Y cómo fue?
Teresa:	Muy emocionante. Había mucha acción como siempre. Y también me hizo reír bastante.

1. Magdalena _____ a ver *James Bond*.

a. fue

b. va a ir

c. quiere ir

d. ha ido

2. Teresa ya la _____ .

a. va a ver

b. ha visto

c. ve

d. veía

3. _____ con sus padres el lunes.

a. fui

b. fue

c. ha ido

d. iba

4. Dijo que _____ una película divertida.

a. ha sido

b. fue

c. era

d. es

Ejercicio 7

Write a review of a film for the school magazine. Use some of the phrases in the box.

> Fue/Era fantástico, divertido, aburrido, muy mal, regular, emocionante, fenomenal, romántico, terrorífico, cómico, impresionante.
> Me divertí mucho. Me hizo reír/llorar. Lo pasé bomba/fatal.

_____

_____

_____

_____

_____

_____

_____

_____

Sacamos entradas

Ejercicio 8

Study the following announcement and the questions that follow, then choose the BEST response for each question.

1. ¿Cuántas horas de fiesta hay cada día?

  a. diez ☐

  b. doce ☐

  c. trece ☐

  d. catorce ☐

2. ¿Dónde se celebra el festival?

  a. en el ayuntamiento ☐

  b. en la tienda de música ☐

  c. en el centro deportivo ☐

  d. en la entrada ☐

> ### Gran festival de verano
> *Las más famosas estrellas del mundo de la música*
> Viernes 12, sábado 13 y domingo 14 de julio
> En el polideportivo de la ciudad
> Todos los días desde las 12 hasta las 10 de la noche
> Precio de las entradas: viernes $15, sábado y domingo $25 por día, los tres días $60
> A la venta en el ayuntamiento o la tienda de música *Ultravox*
> Para más información visite a la oficina de turismo en la plaza

3. Si quieres ir a la fiesta el día 12, ¿cuánto es la entrada?

  a. diez dólares ☐

  b. quince dólares ☐

  c. veinticinco dólares ☐

  d. sesenta dólares ☐

4. Si quieres saber más, ¿adónde hay que ir?

  a. al ayuntamiento ☐

  b. al parque ☐

  c. a la oficina de turismo ☐

  d. a la tienda de música ☐

Ejercicio 9

Read the following sentences, each of which is followed by a question. Choose the response that BEST answers the question.

1. Quiero ver mi programa favorito a las seis.

¿Dónde está la persona que habla?

  a. En casa ☐

  b. En el cine ☐

  c. En el colegio ☐

  d. En la calle ☐

2. El partido empieza a las ocho menos cuarto.

¿De qué habla?

  a. De la telenovela ☐

  b. Del documental ☐

  c. Del fútbol ☐

  d. De las noticias ☐

3. ¿Quieres ir al parque mañana a jugar al béisbol?

¿Con quién habla?

  a. Con el profesor ☐

  b. Con los padres ☐

  c. Con un amigo ☐

  d. Con sus hermanos ☐

4. No quedan entradas para la sesión de las ocho.

¿Qué quiere hacer la persona que habla?

  a. Escuchar la radio ☐

  b. Ver la televisión ☐

  c. Jugar al fútbol ☐

  d. Ir al cine ☐

El telediario

CANAL Y HORA				
La 1	**La 2**	**Canal 24 horas**	**Teledeporte**	**DocuTVE**
1600 Juegos de la infancia	Saber es ganar – concurso	Noticias	Baloncesto de Madrid	La Segunda Guerra Mundial
1700 Cocina en casa	Mi amor perdido – Telenovela	Entrevista con el presidente	La vela – en 60 minutos	El arte precolombino
1800 Dibujos animados	Estás en tu casa – trucos para mejorar la vivienda	Noticias	Cómo mejorar el estado físico	El mundo maya
1900 Telediario de la tarde	Viajes de ensueño	Especial deportes	Estrella de la semana	Las novelas de García Márquez
2000 Fútbol en vivo – La Coruña vs. Bilbao	Los Serrano – serie televisiva	Noticias	Fútbol internacional – Alemania vs. Paraguay	Mirando hacia el futuro
2100 Fútbol (cont.)	Noche de música	Debate televisivo sobre la economía	Fútbol (cont.)	Nuestro planeta
2200 Noticias de la noche	Bailando con las estrellas	Noticias	Natación en vivo	La selva y sus animales
2300 Película de la semana	¿Quién quiere ser millonario?	En directo desde Los Ángeles	Atletismo desde La Habana	Historias de terror
2400 Película (cont.)	Informe cultural de medianoche	Noticias	Noticias deportivas	Biografía de Greta Garbo

Ejercicio 10

Indicate whether the following sentences are true or false according to the information given in the TV guide.

Verdadero   Falso

1. Ponen una película a las 11 de la noche en la 1. ☐ ☐

2. Podemos ver deporte acuático a las 1700. ☐ ☐

3. Hay noticias cada hora en el Canal 24 horas. ☐ ☐

4. Yo quiero ver una telenovela. La ponen en la 1. ☐ ☐

5. No me interesa el fútbol español, pero no ponen ningún otro partido. ☐ ☐

6. Vamos a volver a casa a las 10 de la noche, y podemos ver el concurso a las 11. ☐ ☐

7. Me encanta la literatura. Hay un programa sobre uno de mis autores favoritos en DocuTVE. ☐ ☐

8. La mayoría de la programación para niños se hace en la 2. ☐ ☐

9. No sé qué preparar para la cena hoy. Voy a ver el programa a las 5 en la 1. ☐ ☐

10. Me gustan las películas de suspenso. Hay una a las 10. ☐ ☐

Reply to the following statements using information from the TV guide.

Por ejemplo: Me encanta la historia.
Hay un programa a las 4 de la tarde en DocuTVE.

1. Quiero mantenerme en forma.

_____

2. Me entusiasman las obras artísticas.

_____

3. Me encantan los concursos televisivos.

_____

4. Las cuestiones económicas me interesan mucho.

_____

5. Me gustaría ver un programa sobre lo que se puede hacer para la casa.

_____

6. A mi hijo le encantan los dibujos animados.

_____

7. Mi abuelo es aficionado al equipo alemán.

_____

8. A mi madre le gusta todo tipo de música.

_____

Hablando del pasado

Draw a circle around the correct verb forms in the following text.

Frida Kahlo, pintora mexicana, ha nacido/nació/nacía en un pequeño pueblo en las afueras de la Ciudad de México el 6 de julio de 1907. Su padre ha sido/fue/era alemán y ha ido/fue/iba a México en 1891. Se ha casado/Se casó/Se casaba con una mexicana y han tenido/tuvieron/tenían cuatro hijas. Frida ha sido/fue/era la tercera de las hijas.

Frida ha sufrido/sufrió/sufría muchos problemas de salud durante su infancia que han culminado/culminaron/culminaban en un accidente horroroso de autobús. Durante su recuperación, empezó/había empezado/empezaba a pintar.

Poco después ha conocido/conoció/conocía a Diego Rivera, otro pintor mexicano. Se han casado/Se casaron/Se casaban en 1929. Ha sido/Fue/Era un matrimonio muy turbulento que ha terminado/terminó/terminaba en divorcio, pero han vuelto/volvieron/volvían a casarse en 1940. Frida ha muerto/murió/moría en 1954, pero su fama sigue, gracias a una película muy exitosa que trata de su vida que ha salido/salió/salía en 2002.

Ejercicio 13

Read the biographical details of Penélope Cruz, then write a biography of her life.

Lugar de nacimiento: Madrid, España
Fecha de nacimiento: 28 de abril de 1974
Hermanos (menores): Eduardo, Mónica
Profesión de la madre: peluquera
Profesión del padre: mecánico
Primeros estudios: baile clásico durante nueve años
Primer trabajo: modelo
Primera película: El laberinto griego

Número de películas: una treintena
Premios recibidos: un Óscar, tres Goyas, dos premios del cine europeo
Nominaciones para el Óscar en 2006 y 2010 por sus películas *Volver* y *Nine*
Lenguas que sabe hablar: francés, inglés, español, italiano
Trabajo voluntario en Uganda en 2007

Ejercicio 14

Read the passage and answer the questions that follow.

Manolo y Luis, dos chicos, están conversando sobre un pueblo que se llama Aranjuelos.

Manolo: *Estuve de vacaciones en Aranjuelos en el mes de agosto hace unos años. Estuvimos ahí durante las fiestas del pueblo y lo pasamos bien. Durante el día había desfiles con gente disfrazada y muchos grupos musicales tocaban en las calles. Solía sentarme en la terraza de la cafetería y ver a la gente pasar. Y de noche había bailes en la plaza, y luego en la noche final hubo fuegos artificiales.*

Luis: *¡Qué barbaridad! Cuando yo estuve todo era muy tranquilo. Pasaba mucho tiempo leyendo en la plaza, y algunos días fui de excursión a las montañas cercanas. Me gustaba hacer senderismo por la mañana, y en la tarde solía comer y descansar. En el pueblo visité muchos sitios interesantes.*

1. ¿Qué había por las calles cuando estaba Manolo?

_____

2. ¿Qué solía hacer durante el día Manolo?

_____

3. ¿Qué solía hacer Luis por la mañana?

_____

4. ¿Qué solía hacer Luis por la tarde?

_____

Vamos de viaje

Yo que tú

Ejercicio 1

Two friends, Sara and Daniela, are chatting. Sara has a problem and asks Daniela for advice. Read the conversation, then answer the questions that follow.

Sara: No sé qué hacer. Mi novio no quiere salir por la tarde, lo único que quiere hacer es ver la televisión, o hablar del fútbol con los amigos por teléfono.

Daniela: ¡Qué pesado! Yo que tú, no lo soportaría.

Sara: ¿Qué harías?

Daniela: Le diría que tiene que prestarme más atención. Me pondría un vestido nuevo e iría a verlo. Luego saldría, con él o sin él. Y saludaría a todos los otros chicos del barrio, a ver si se da cuenta de que tiene que darme más importancia a mí.

Sara: Buena idea…

1. ¿Cuál es el problema de Sara?

  a. No tiene novio. ☐

  b. El novio quiere salir todo el tiempo. ☐

  c. El novio no le hace caso. ☐

  d. El novio juega mucho al fútbol. ☐

2. ¿Cuál es la reacción de Daniela?

  a. Cree que está muy bien. ☐

  b. No le gustaría la situación. ☐

  c. Le gustaría salir con el novio de Sara. ☐

  d. No le hablaría. ☐

3. ¿Qué consejos da?

  a. Que vea el fútbol con él. ☐

  b. Que juegue al fútbol con los chicos del pueblo. ☐

  c. Que vaya de compras. ☐

  d. Que trate de provocar una reacción del novio. ☐

Ejercicio 2

What advice would you give in the following situations?

1. Mi madre dice que no puedo salir porque tengo un examen mañana. Pero quiero ver a mis amigas. ¿Qué harías tú?

_____

2. No tengo suficiente dinero para ir de vacaciones con la pandilla este verano. ¿Qué harías tú para obtener más dinero?

_____

3. Es el día del padre el domingo que viene y no sé qué comprarle a mi padre. ¿Qué le comprarías tú?

_____

4. No me llevo muy bien con un amigo. Siempre discutimos. ¿Qué harías tú?

_____

5. No entiendo la tarea de matemáticas y no la puedo hacer. ¿Qué harías tú?

_____

¿Qué harías?

 Marisol is writing in her diary about her wishes for the future. Read what she says, then answer the questions.

> Me gustaría ser rica. Me compraría una casa grande e invitaría a toda la familia a vivir conmigo. Haría muchas cosas para ayudar a la gente necesitada. Trabajaría en una organización benéfica. También viajaría a muchos lugares del mundo y ayudaría en, por ejemplo, una escuela. Luego, al volver, hablaría con mucha gente y trataría de informar a otras personas sobre los problemas del mundo.

1. Where would Marisol live?

_____

2. Where would she work?

_____

3. Why would she travel the world?

_____

4. Where would she help?

_____

5. What would she do on her return?

_____

Answer the following questions about your ideal holiday.

1. ¿Te gustaría ir de viaje?

_____

2. ¿Adónde irías?

_____

3. ¿Con quién irías?

_____

4. ¿Qué visitarías?

_____

5. ¿Dónde te quedarías?

_____

6. ¿Qué harías durante el día?

_____

7 ¿Y qué harías por la noche?

_____

8. ¿Cómo lo pasarías?

_____

Hacemos planes

Match the following questions with the correct answers.

1. ¿Adónde vamos?	☐	**a**.	El 11 de agosto.
2. ¿Cómo iremos?	☐	**b**.	Todas las habitaciones tienen terraza.
3. ¿Qué día saldremos?	☐	**c**.	Sí, con la pensión completa.
4. ¿A qué hora sale el avión?	☐	**d**.	A las 9 y media.
5. ¿A que hora llega?	☐	**e**.	Una semana.
6. ¿Tiene habitaciones libres?	☐	**f**.	Sí, claro.
7. ¿Para cuántas personas?	☐	**g**.	A Acapulco.
8. ¿Para cuánto tiempo?	☐	**h**.	Somos cuatro.
9. ¿Tiene habitación con balcón?	☐	**i**.	A las 10 y media.
10. ¿El desayuno está incluido?	☐	**j**.	Vamos en avión.

Read the following account of a visit to the travel agent's. Then answer the questions.

El otro día fui a la agencia de viajes para comprar un boleto para Barbados para el fin de semana siguiente. Quise ir el viernes por la tarde y volver el domingo por la noche. Reservé el boleto en el vuelo que sale a las siete de aquí, y otro que llega aquí el domingo a las nueve y media. Me costó quinientos dólares, lo que me pareció buen precio.

1. ¿Cuándo fue a la agencia de viajes?

   a. el sábado

   b. el domingo

   c. el otro día

   d. el fin de semana

2. ¿Qué vuelo escogió para ir?

   a. el de la mañana

   b. el de la noche

   c. el de la tarde

   d. el del sábado

3. ¿Cómo era el precio del boleto?

   a. costoso

   b. bueno

   c. regular

   d. malo

You have been asked to help create an advertisement aimed at the Spanish-speaking market by the manager of a newly built hotel. She has requested advertising copy of around 80–100 words from you, which should include the following information:

a. the name of the hotel

b. the prices of different types of rooms at different times of the year

c. the hotel facilities

d. contact details

Me duele

The doctor has written down a diagnosis, but the sentences are not in the correct order. Reorder them more logically.

1. Le examiné y encontré que tiene una bronquitis. ☐

2. Le he dicho que venga a verme si no se encuentra mejor después de terminar los antibióticos. ☐

3. Vino a verme el señor Casals el miércoles por la mañana. ☐

4. Le he aconsejado que tome antibióticos y que guarde cama durante dos o tres días. ☐

5. Me dijo que tenía tos. ☐

Match each patient's symptoms with the appropriate drawing.

1. Hola doctor. No me siento bien. Me duele el estómago y tengo vómitos. ☐

2. Doctor, ¿puede venir a casa? Tengo fiebre y me duele todo el cuerpo. Creo que tengo la gripe. Estoy en la cama. ☐

3. Doctor, tengo el tobillo torcido. Mire, está muy hinchado. ☐

4. Estoy fatal, doctor. Me duele tanto la espalda. Ayer levanté una caja que pesaba mucho. ☐

5. ¡Ay, doctor! Me duele el brazo. Puede que esté roto. Me caí de una escalera. ☐

6. Doctor, me han salido estos granos en la piel. Creo que tengo una alergia. ☐

7. Doctor, me he quemado la mano con agua caliente mientras cocinaba. ☐

8. Me corté la pierna, doctor, mientras caminaba en el bosque. ☐

a.

b.

c.

d.

e.

f.

g.

h.

Now read the doctor's advice and match it with the most appropriate symptoms from Exercise 9.

1. Calma la quemadura con agua fría. ☐

2. Te aconsejo que sólo bebas agua e ingieras comidas muy simples por unos días. ☐

3. Hay que guardar cama hasta que se te vaya la fiebre. Y tomar unas aspirinas para el dolor. ☐

4. Pon esta crema antiséptica. Y cubre la herida con una tirita. ☐

5. Toma algo para el dolor. Y vete a ver al masajista si no se pone mejor dentro de dos días. ☐

6. ¿Qué has comido? ¿Algo que comiste antes? O quizás eres alérgico a los mariscos. Toma esto. Te calmará las erupciones. ☐

7. Véndalo, y descansa cuanto puedas, con el pie en una silla. También aplica hielo de vez en cuando. ☐

8. Tienes que ir al hospital para hacer una radiografía. Creo que tendrás el brazo enyesado seis semanas. ☐

Mi pueblo

Read the description of Montevideo and answer the questions.

Montevideo es la ciudad más grande de Uruguay, la capital y puerto principal del país. Es la única ciudad en el país con una población de más de un millón, con casi un millón y medio de habitantes. Está situada en el sur del país, en la costa, y rodeada de unas playas preciosas, lo que seguramente le ayuda a ser la ciudad latinoamericana con el más alto nivel de vida de todo el continente, según lo que dicen.

1. Give two reasons for the importance of Montevideo. _____

_____

2. How does the size of its population compare with other Uruguayan cities? _____

_____

3. What physical feature makes it so attractive? _____

_____

4. What does it claim to be? _____

Ejercicio 12

Now write a description of your town or village, similar to the one about Montevideo.

_____
_____
_____
_____
_____
_____
_____
_____

¿Qué tiempo hace?

Answer the following questions about the weather.

1. ¿Qué tiempo hace hoy?

_____

2. ¿Qué tiempo hizo ayer?

_____

3. ¿Qué tiempo hizo el octubre pasado?

_____

4. ¿Qué tiempo hizo en Navidad?

_____

5. ¿Qué tiempo hizo la semana pasada?

_____

6. ¿Qué tiempo hacía ayer mientras volvías a casa?

_____

7. ¿Cuál es el pronóstico para mañana?

_____

8. ¿Qué tiempo quiere que haga el fin de semana que viene?

_____

You receive a letter from a friend in Australia, in which he talks about his country's climate. Answer the questions that follow.

Australia es tan grande, sabes, que el clima puede ser todo lo contrario en un sitio u otro. Yo vivo en Sydney en el sureste del país. Aquí tenemos un clima bastante moderado, comparado con el interior que tiene un clima extremo, aunque a veces en el verano (que es de noviembre a febrero), las temperaturas pueden subir a los 38 grados. Este año no ha llovido mucho y esto causa problemas para los agricultores. También puede ser peligroso porque hay muchos incendios forestales porque todo está muy seco. En el invierno a veces nieva, pero raramente. Generalmente hace buen tiempo. Prefiero el invierno porque el clima es más fresco.

1. ¿Cómo es Australia?
  a. grande ☐
  b. contrario ☐
  c. pequeño ☐
  d. moderado ☐

2. ¿Cómo es el clima en Sydney?
  a. bastante moderado ☐
  b. muy extremo ☐
  c. normal ☐
  d. contrario ☐

3. ¿Qué tiempo hace en el verano?
  a. nieva ☐
  b. hace mucho calor ☐
  c. llueve mucho ☐
  d. hace frío ☐

4. ¿Cuál es el efecto?
  a. hay inundaciones ☐
  b. hay incendios ☐
  c. hay nieve ☐
  d. hay lluvia ☐

5. ¿Qué clima prefiere tu amigo?
  a. el extremo ☐
  b. el invierno ☐
  c. el verano ☐
  d. el contrario ☐

Dudo que...

Ejercicio 15

Draw a circle around the correct form of the verb in the following sentences.

1. No creo que… muy fácil aprender el subjuntivo.   **a**. es   **b**. sea   **c**. son   **d**. soy
2. Es posible que… problemas con la gramática.   **a**. son   **b**. hay   **c**. haya   **d**. sea
3. Puede que… mañana a hablar con nosotros.   **a**. voy   **b**. viene   **c**. venga   **d**. vamos
4. Dudo que… tiempo para ir de compras.   **a**. hay   **b**. haya   **c**. es.   **d**. son
5. No me gusta que… estas cosas.   **a**. haga   **b**. hago   **c**. hace   **d**. hacen

Ejercicio 16

Now complete the sentences using the correct form of the verb.

1. No creo que (ir) _____ a hacer buen tiempo.
2. Es posible que (salir) _____ el autobús pronto.
3. Puede que (venir) _____ con ustedes.
4. Dudo que (haber) _____ suficiente tiempo.
5. No me gusta que (hablar) _____ así conmigo.

Ejercicio 17

Your friend is a very negative person. She always contradicts what you say. Write what she says in the following instances.

Por ejemplo: Tú dices 'Creo que hace mucho sol hoy'. Y tu amigo dice 'No creo que haga sol'.

1. Me parece que es una película muy cómica.

   _____

2. Pienso que su novio es muy simpático.

   _____

3. Creo que le va a gustar.

   _____

4. Pienso que viene el autobús dentro de poco.

   _____

5. Opino que Laura está muy contenta hoy.

   _____

¿Eres ecologista?

How 'green' are you? Take our test to find out.

1. Cuando sales de la habitación, ¿apagas la luz?

   a. siempre

   b. nunca

   c. a menudo

   d. pocas veces

2. ¿Reciclas el vidrio?

   a. siempre

   b. nunca

   c. a menudo

   d. pocas veces

3. ¿Qué haces con las bolsas de plástico usadas?

   a. las tiro a la basura.

   b. las guardo para usar.

   c. las reciclo

   d. las guardo y luego las tiro.

4. ¿Qué transporte prefieres?

   a. el carro particular

   b. el transporte público

   c. ir a pie

   d. compartir el carro particular

5. ¿Cierras el grifo cuando te lavas los dientes?

   a. siempre

   b. nunca

   c. a menudo

   d. pocas veces

6. ¿Qué opinas de la energía alternativa?

   a. es esencial.

   b. no me gustan los paneles solares. ¡Son feos!

   c. es una buena idea pero cuesta demasiado.

   d. hay que investigarlo más.

Ahora suma los resultados.

1 a. 4	**b.** 1	**c.** 3	**d.** 2
2 a. 4	**b.** 1	**c.** 3	**d.** 2
3 a. 1	**b.** 3	**c.** 4	**d.** 2
4 a. 1	**b.** 3	**c.** 4	**d.** 2
5 a. 4	**b.** 1	**c.** 3	**d.** 2
6 a. 4	**b.** 1	**c.** 2	**d.** 3

Clave

Entre 18 y 24
¡Eres amigo del medio ambiente!

Entre 12 y 17
Casi estás convencido de la importancia de conservar la naturaleza.

Entre 6 y 11
¡Hay que hacer más esfuerzo en proteger el planeta!

¡A la orden!

¿Se puede...?

Ejercicio 1

Where can you hear or see the following statements? Match each phrase with the most appropriate place.

1. Se ruega a los pasajeros acudir a la puerta número 42. ☐
2. Se prohibe fumar. ☐
3. Se cambia cheques de viaje. ☐
4. Se dan clases de inglés. ☐
5. Se vende este carro. ☐
6. Se venden los artículos que no hayan sido reclamados después de un mes. ☐
7. Aquí se habla francés. ☐
8. La comida se sirve entre las 12 y las 3. ☐

a. En el banco.
b. En el restaurante.
c. En el hospital.
d. En el aeropuerto.
e. En la ventanilla de un vehículo.
f. En una tienda.
g. En una escuela.
h. En la oficina de objetos perdidos.

Ejercicio 2

Write a sentence to say what people do in the following places. Use 'se...' in the answer.

Por ejemplo: En la biblioteca se leen libros/se piden prestados libros.

la cocina
la piscina
el cine
la cantina
la cancha de baloncesto
el parque
el aeropuerto
el centro comercial
el mar
el colegio

_____

_____

_____

_____

_____

_____

_____

_____

_____

_____

Se escribió/Fue escrito

Pair the sentences that have the same meaning.

Ejercicio 3

1. Los estudiantes serán alojados en una residencia. ☐
2. El libro fue publicado por una editorial americana. ☐
3. La construcción del túnel fue cancelada. ☐
4. Este cuadro fue pintado en 1842. ☐
5. Está prohibido fumar aquí. ☐
6. Las casas fueron construidas hace un año. ☐

   a. Una editorial americana publicó el libro.

   b. Las casas se construyeron hace un año.

   c. Este cuadro se pintó en 1842.

   d. Se prohibe el fumar aquí.

   e. Se alojarán a los estudiantes en una residencia.

   f. La construcción del túnel se canceló.

Ejercicio 4

Now rewrite these sentences without using the passive voice.

1. La novela fue escrita en 2008.

   _____

2. La novela fue escrita por una joven autora de 18 años.

   _____

3. El carro fue diseñado en Alemania.

   _____

4. El puente fue construido en la época azteca.

   _____

5. Los pirámides fueron construidos por los mayas.

   _____

6. Este pastel fue preparado por mi madre.

   _____

En el hotel

Read the notices in the hotel, then answer the questions that follow.

**Horario de la piscina
De 9 a 9
¡Atención!
La piscina se limpia entre
las 8 y las 9 de la mañana**

**Restaurante Girasol
Abierto de 8–10, 1–3, 7–10.
Se cierra los lunes por descanso del personal
Hay servicio de comida en el bar todos los días**

**Cambio de moneda
en la recepción**

**Bar Sonrisa
Abierto de las 8 de la mañana
a las 12 de la noche,
todos los días
Servicio de comida a todas horas**

**Gimnasio
Abierto de 8 a 24
Atendido entre las 9 y la 1, y entre
las 4 y las 8, excepto el domingo**

**Salón de belleza y peluquería
Abierto de 9 a 1
todos los días
excepto el domingo y el lunes**

**Recepción
Abierta las 24 horas
Se ruega tocar el timbre
si no hay nadie**

Servicio de internet
Al lado de la recepción
Abierto todos los días
De las 8 a las 23.

1. Why can't you swim before 9.00 am?

_____

2. What do you do if nobody is attending the reception desk?

_____

3. Where can you change money?

_____

4. Can you check emails at any time? Where?

_____

5. Your mother wants a manicure. When is this possible?

_____

6. You are hungry mid-afternoon. What can you do?

_____

7. Why is the restaurant closed on Mondays?

_____

8. You need to have someone explain how to use the gym equipment. When can this be done?

_____

En el restaurante

Ejercicio 6

Read the dialogue about a restaurant booking, then answer the questions.

Jorge: ¿Has llamado al restaurante para reservar una mesa?

Pilar: No, todavía no. No sé si Jaime puede venir con nosotros.

Jorge: Bueno, es mejor que llames. Es importante que reserves porque hay
mucha gente que quiere salir para cenar el sábado.

Pilar: Sí, ya lo sé. Llamo ahora.
Buenos días… Quisiera reservar una mesa para el sábado que viene…
A las siete y media… Somos seis, no, siete… En el área de no fumadores por favor.
Bueno, no en la terraza, hace fresco por la tarde estos días, pero ¿es posible que
reservemos una mesa cerca de la ventana?… Muy bien, hasta el sábado entonces.

1. Why is it necessary to book a table? _____

2. What time do they request? _____

3. How many people are going? _____

4. Why do they not want to sit outside? _____

Ejercicio 7

Read the page from the Miramar restaurant's bookings schedule. Then indicate whether the statements that follow are true (✔) or false (✗).

7.00	Sr. Álvarez x 4 (terraza)
	Sr. Calderón x 2 (no fumador/ventana)
	Sra. Montes x 6 (con silla de bebé)
	Srta. Elizondo x 10 (cumpleaños/pastel)
	Sra. Fundador x 2 (terraza) (aniversario)
	Sr. Conde x 4 (ventana)
8.00	Sra. Ruiz x 2 (rincón)
	Sr. Torres x 6 (no cerca de la puerta)
	Sr. Ángulo x 4 (puede que lleguen tarde)

1. Hay dos mesas reservadas en la terraza. ☐

2. En el grupo de la señora Montes hay un niño joven. ☐

3. La señora Fundador no quiere estar al exterior. ☐

4. Es posible que el señor Ángulo llegue antes de las 8. ☐

5. El grupo de 10 personas celebra una boda. ☐

6. Al señor Calderón no le gustan los cigarillos. ☐

Using 80–100 words, complete the following telephone conversation with the waiter, according to the details below.

Say you would like to reserve a table. Tell him for when. Say how many there are of you.
Give a time. Say where you would like to sit. Are there any other things you'd like to know?
Say goodbye.

El mesero: Buenos días. Restaurante La Era. ¿En qué puedo servirle?
Tú: _____

El mesero: ¿Para cuándo?
Tú: _____

El mesero: ¿A qué hora?
Tú: _____

El mesero: ¿Para cuántas personas?
Tú: _____

El mesero: ¿Y dónde quiere la mesa?
Tú: _____

El mesero: ¿Algo más?
Tú: _____

El mesero: Muy bien. Hasta la semana que viene.
Tú: _____

Imagine that you are going to a restaurant in a Spanish-speaking country. You have to order the food for all the members of your group of friends or family. You know their preferences and dislikes. What do you order? Complete the following dialogue.

El mesero: Buenos días. ¿Han decidido ya?   Tú: Sí, para empezar tomamos … _____

_____

El mesero: ¿Y de segundo?   Tú: _____

_____

El mesero: ¿Y de postre?   Tú: _____

_____

El mesero: Muy bien. ¿Y para beber?   Tú: _____

_____

El mesero: En seguida se lo traigo.

An online magazine publishes some reviews of a restaurant in your village. Read the reviewers' comments, then answer the questions.

– Una comida deliciosa pero el mesero no era muy cortés. *Dolores Maza*

– Nosotros esperamos el primer plato durante 25 minutos, pero valió la pena porque la comida era buenísima. *Marta Díaz*

– Quizás escogí mal, pero no me gustó la comida. Todo llevaba mucha sal, y además un plato llegó frío. *Fernando Martín*

– Hicieron un error en la cuenta. Es caro, y encima nos cobraron tres platos en vez de dos. Hay que mirar la cuenta con mucha atención. *Miguel García*

– Los servicios estaban muy sucios. No había toallas y no funcionaba el secador de manos. No volveré a un restaurante así. No quiero imaginarme cómo estaba la cocina. *Tolo Hernández*

¿Quién se queja…

a. … del precio? _____

b. … de los aseos? _____

c. … del trato personal? _____

d. … de la comida? _____

e. … del servicio lento? _____

La comida diaria

Read the description of people's eating habits in Madrid, then answer the questions.

Juana es de Madrid, capital de España y habla de su rutina diaria, con referencia especial a la comida.

En Madrid solemos desayunar bastante temprano, sobre las ocho, antes de ir a clase o a trabajar. Mucha gente prefiere desayunar en un bar o cafetería, camino del trabajo. Solemos comer pan tostado o un cruasán con un café con leche.

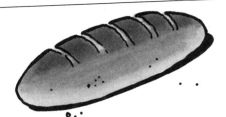

A las once o así tomamos otro café, y quizás un bocadillo de tortilla española (que es una tortilla de huevos con patata y cebolla y ¡es muy rica!).

Comemos en casa a las dos. Nos reunimos todos porque es la comida principal del día. Hay tres platos, sopa o ensalada, carne o pescado y postre. Y bebemos agua o vino (España es conocida por sus vinos muy buenos). En el verano alguna gente duerme la siesta – un descanso de una hora – porque por la tarde puede hacer mucho calor.

A las cinco algunos (jóvenes y mayores) meriendan – es decir toman una taza de chocolate caliente o un vaso de leche con galletas.

Por la tarde, cuando estamos de paseo, vamos a un bar donde tomamos una copa con tapas (que son pequeñas raciones de comida deliciosa que acompañan un vaso de vino o cerveza o un refresco).

A las diez volvemos a casa para cenar – la cena es una comida ligera, quizás unos huevos, una ensalada o una sopa. Y después, si es la época de las vacaciones, salen los jóvenes otra vez a reunirse y a tomar algo con sus amigos.

1. Describe the breakfast habits of the Madrileños. _____

_____

2. What snack do they eat around 11 o'clock? _____

_____

3. Where do they generally have lunch? _____

_____

4. Who in particular has tea? _____

_____

5. When do they eat tapas? _____

_____

6. At what time do they eat supper, and what does it consist of normally? _____

_____

Los chistes

When Spaniards have dinner, they remain at the table to chat afterwards.
Many enjoy telling jokes.

Read the following jokes. Do you find them amusing? Underline the word or phrase that provides the humour.

1. ¿Está María José?
No, pero está José María.
Perdón, creo que marqué el número al revés.

2. En la clase…
Carlos, ¿puedes conjugar el verbo andar?
Yo… ando, tú… andas, él… anda…
Más de prisa, por favor.
Nosotros corremos, ellos corren.

3. En el restaurante…
Mesero, ¿el pescado viene sólo?
No, señor. Se lo traeré yo.

4. En clase de inglés…
Profesor, ¿qué significa 'higher'?
Más alto.
He dicho ¡¿QUÉ SIGNIFICA 'HIGHER'?!

Fill the gaps using the words from the box.

Un hombre va a ver a un abogado.

¿Cuánto cobra usted (1) _____ una (2) _____ rápida?

60 dólares por tres (3) _____ .

¿No le parece un poco (4) _____ ?

Puede ser. ¿Cuál es la (5) _____ pregunta?

| preguntas | por | caro | tercera | consulta |

El chocolate

Read the following article about the history of chocolate, then answer the questions.

¿Te gusta el chocolate? A mucha gente le apasiona el chocolate. Pero, ¿a qué no sabes los orígenes de este dulce tan popular?

Los científicos han encontrado residuos químicos de bebidas de chocolate en cerámica hondureña que data de 1150 A.C. Se cree que los habitantes bebían el chocolate en ocasiones como bodas y nacimientos, y que era una bebida alcohólica que produjeron, de la fruta del cacao, una especie de cerveza.

La bebida que conocemos nosotros no se produjo hasta la epoca de los mayas y los aztecas. En aquella época el chocolate tenía valor como dinero. ¡Los mayas tenían hasta un dios del chocolate!

En el siglo XVI los españoles mezclaron el chocolate con otros ingredientes como maíz, el chile y la miel, para producir distintas bebidas – todas amargas. Se mezcló con el azúcar en el siglo XVII, pero el chocolate sólido no se fabricó hasta el siglo XIX.

1. What have scientists discovered about the origins of chocolate?

_____

2. On what sort of occasions was the chocolate consumed?

_____

3. What sort of drink can it be compared to?

_____

4. Give two reasons that show how highly the Maya and the Aztecs rated chocolate.

_____

5. How did the Spanish alter the drink?

_____

6. What sort of taste did it have?

_____

7. What did they do to sweeten it?

_____

8. When were bars of chocolate introduced?

_____

La vida sana

Ejercicio 15

A competition has been organised in your school to gather ideas about how to lead a healthier lifestyle. Read the following advice and number it in order of importance. Explain why your first choice is the most important.

No se debe consumir bebidas alcohólicas.

No debes fumar.

Hay que comer menos grasa.

Se aconseja beber agua o zumo de fruta en vez de bebidas gaseosas y azucaradas.

Es importante comer al menos cinco frutas o legumbres al día.

Para estar en forma es importante hacer ejercicio.

1. La idea más importante es que _____

_____

Porque _____

_____

Luego, en orden de importancia:

2. _____

3. _____

4. _____

5. _____

6. _____

En el camino

Los países del mundo

Do you know the Hispanic world? Match the descriptions of the location of the following countries with the names of the countries in the box below.

1. Este país se sitúa entre Honduras y México, al lado de Belice. ☐

2. Esta isla hispana muy grande está situada al norte de Jamaica. ☐

3. Este país comparte la isla Hispaniola con Haití. ☐

4. Este país se encuentra entre Panamá y Nicaragua. ☐

5. Son dos países sudamericanos que no tienen frontera con Brasil. ☐ ☐

6. Entre el Perú y Paraguay se encuentra este país andino. ☐

7. Este país tiene costas en el Caribe y en el Océano Pacífico. ☐

8. Es el país más grande del sur del continente latinoamericano. ☐

9. Este país es el más cercano a Trinidad. ☐

10. Estos dos países no tienen costa. ☐ ☐

a. Colombia	**b**. Venezuela	**c**. Argentina
d. Chile	**e**. Uruguay	**f**. Ecuador
g. Paraguay	**h**. Perú	**i**. Bolivia
j. México	**k**. Guatemala	**l**. Honduras
m. Belice	**n**. Cuba	**o**. República Dominicana
p. Puerto Rico	**q**. Nicaragua	**r**. El Salvador
s. Costa Rica	**t**. Panamá	

Choose three countries that were not mentioned in the list above, and write a description of their location.

_____

_____

_____

¿Dónde está?

The words hidden in this wordsearch are important for describing the position of places and things in a town.

Look for the following:

- ☐ enfrente
- ☐ delante
- ☐ lado
- ☐ detrás
- ☐ derecha
- ☐ lejos
- ☐ izquierda
- ☐ entre
- ☐ cerca
- ☐ debajo
- ☐ encima
- ☐ final

L	A	C	Y	Z	T	E	Q	M	X	K	P	F	E	L
F	E	H	F	L	F	K	T	Y	N	X	V	N	K	A
C	O	J	C	V	A	N	R	N	I	F	C	R	R	N
H	P	S	O	E	S	D	C	V	A	I	C	F	S	I
U	B	B	O	S	R	A	O	J	M	L	B	B	S	F
U	M	B	B	O	V	E	R	A	I	S	E	V	S	T
G	A	Y	X	P	U	R	D	T	Y	V	A	D	F	X
E	N	F	R	E	N	T	E	P	E	J	S	C	G	U
G	B	W	P	C	E	R	C	A	F	D	D	M	A	I
A	D	R	E	I	U	Q	Z	I	V	K	E	Z	J	C
E	W	H	N	Q	P	J	V	G	A	L	B	X	L	N
V	N	B	E	B	K	D	Y	V	D	J	A	G	F	G
L	A	T	F	I	Y	N	Y	T	A	J	J	H	L	H
Y	X	U	R	U	X	R	W	S	A	A	O	X	R	I
U	W	X	H	E	G	R	E	O	H	D	J	T	A	N

Choose the correct word from the box below to complete the following statements.

1. Neil Armstrong fue la _____ persona a visitar la luna.

2. El español es la _____ lengua del mundo en número de hablantes.

3. Canadá es el _____ país más grande del mundo, por superficie.

4. Los Estados Unidos es el _____ país más grande del mundo por población.

> primer, primero, primera, primeros, primeras
> segundo, segunda, segundos, segundas
> tercer, tercero, tercera, terceros, terceras

Mi pueblo

Read the following description of a city's main square. Then choose the most suitable word or phrase to complete the sentences.

La plaza mayor de los pueblos y ciudades hispanas es a menudo el sitio más céntrico del pueblo. En ésta suelen situarse los edificios más importantes.

Miguel describe la plaza mayor de su pueblo.

La plaza mayor de mi pueblo es muy bonita. La arquitectura data de la época colonial con los arcos y los balcones en las ventanas de arriba. En el centro hay una fuente con agua que refresca a quienes se acercan a ella en los días de calor.

En un lado, debajo del reloj, está el ayuntamiento y las oficinas administrativas del pueblo. Ahí trabajan el alcalde y su equipo. Es donde se celebran las recepciones cívicas y otras cosas así, porque el interior del edificio es magnífico.

Enfrente del ayuntamiento está el teatro. Ahí se celebran las obras de teatro y los conciertos.

Al lado del teatro hay un bar, el Bar de la Plaza. La gente se reúne en la terraza del bar por la tarde para charlar y tomar algo mientras los niños juegan en la plaza, porque no se permite el tráfico en la plaza. Hay algunas tiendas en los otros lados, y sobre ellos hay apartamentos. Me gustaría vivir en uno de éstos porque todas las fiestas del pueblo se celebran en la plaza, y tendría la mejor vista de todas. Pero ¡imagina el ruido!

1. La plaza mayor
- **a**. es preciosa ☐
- **b**. es moderna ☐
- **c**. es sucia ☐
- **d**. no es histórica ☐

2. La fuente es buena durante
- **a**. el verano ☐
- **b**. el invierno ☐
- **c**. la noche ☐
- **d**. la mañana ☐

3. El ayuntamiento está
- **a**. lejos del reloj ☐
- **b**. al lado del reloj ☐
- **c**. cerca del reloj ☐
- **d**. entre el reloj y el teatro ☐

4. Los conciertos toman lugar
- **a**. en la plaza ☐
- **b**. en el interior del ayuntamiento ☐
- **c**. en el teatro ☐
- **d**. en el bar ☐

5. Los niños
- **a**. toman algo en el bar ☐
- **b**. juegan delante del bar ☐
- **c**. ven las obras de teatro ☐
- **d**. juegan en el tráfico ☐

6. Le gustaría a Miguel vivir en la plaza
- **a**. para ir de compras ☐
- **b**. para ver a sus amigos ☐
- **c**. para trabajar con el alcalde ☐
- **d**. para ver las fiestas desde su balcón ☐

El metro de la Ciudad de México

Ejercicio 6

Vicente and his friends are taking the metro in Mexico City. Where are they going?

1. Subo en la estación Centro Médico y tomo la línea 3, dirección Indios Verdes. Bajo en la tercera parada. _____

2. Subo en la estación Jamaica. Tomo la línea 4, dirección Martín Carrera, y bajo en la cuarta parada. _____

3. Yo subo en la estación Coyuya, tomo la línea 8, dirección Garibaldi. Bajo en la tercera parada y cambio a la línea 9, dirección Tacubaya. Cambio en _____ .

4. Subo al metro en El Rosario y tomo la línea 7 hacia Barranca del Muerto. Cambio en la cuarta parada, y tomo la línea 2, dirección Tasqueña. Bajo en la sexta parada. _____

Ejercicio 7

Use the map of Mexico City's metro system to make up two more itineraries, similar to those in Exercise 6. Then ask your classmate where you are going.

_____

_____

_____

_____

_____

En la taquilla

Complete this dialogue, which takes place in Balderas station, using the correct words from the box below.

Expendedor: Buenos días.

Pasajero: Quiero comprar un 1. _____ .

Expendedor: ¿Sencillo, ida y vuelta, o un bono-metro?

Pasajero: ¿Qué es un 2. _____ metro?

Expendedor: Es un boleto para 3. _____ viajes.

Pasajero: Quiero un boleto de 4. _____

             y vuelta. ¿Cuánto es?

Expendedor: Son cuatro pesos.

Pasajero: ¿Y cómo se va 5. _____ Morelos?

Expendedor: Tome la línea 1, dirección Pantitlán.

Pasajero: ¿6. _____ cambiar?

Expendedor: Sí, baje en la 7. _____ estación.

Pasajero: ¿8. _____ se llama?

Expendedor: Candelaria.

Pasajero: Y luego, ¿qué hay que hacer?

Expendedor: Y luego 9. _____ la línea 4,

             dirección Martín Carrera.

             Baje en la primera 10. _____ .

Pasajero: Muchas 11. _____. Adiós.

Expendedor: De 12. _____. Adiós.

1. **a**. carro **b**. tren **c**. boleto
   d. bolsa

2. **a**. bono **b**. ida **c**. vuelta
   d. sencillo

3. **a**. días **b**. sólo **c**. ida **d**. diez

4. **a**. sencillo **b**. bono **c**. ida
   d. boleto

5. **a**. de **b**. dónde **c**. a **d**. por

6. **a**. hay que **b**. hace **c**. de
   d. lejos

7. **a**. quinta **b**. mala **c**. mejor
   d. qué

8. **a**. por qué **b**. cuándo
   c. dónde **d**. cómo

9. **a**. ponga **b**. tome **c**. compre
   d. mire

10. **a**. tienda **b**. oficina **c**. parada
    d. hotel

11. **a**. chicas **b**. casas **c**. gracias
    d. oportunidades

12. **a**. mucho **b**. nada **c**. hombre
    d. poco

En la calle

Ejercicio 9

What do the following road signs mean?

1. **a**. nieve ☐
   b. hielo ☐
   c. obras ☐
   d. mucho tráfico ☐

2. **a**. la carretera es peligrosa ☐
   b. la carretera está cortada ☐
   c. la carretera está cerrada ☐
   d. la carretera es estrecha ☐

3. **a**. enlace ☐
   b. atasco ☐
   c. desvío ☐
   d. avería ☐

4. **a**. calle ☐
   b. camino ☐
   c. carretera ☐
   d. autopista ☐

Ejercicio 10

You have a difficult car journey to see your relations in the country. Your mother asks you to text to explain why you will be late. What do you write in your message?

Pienso mucho en la película

If required, choose the correct word (*a*, *en*, *con*, *de*, *sobre* or no additional word) to complete these sentences.

1. Mi abuelo ha dejado _____ fumar.

2. Mi amigo tardará mucho _____ llegar porque viene a pie.

3. ¿Qué buscas? Busco _____ mi raqueta de tenis.

4. ¿Qué pensaste _____ ese programa anoche?

5. ¿Por qué estás tan preocupado? ¿Piensas _____ los exámenes?

6. Empezó _____ aprender el español hace un año.

7. Al acercarnos _____ la casa, teníamos miedo.

8. Mi hermano va a casarse _____ su novia en abril.

9. Mis padres siempre se quejan _____ los precios en ese restaurante.

10. Yo pagué _____ los boletos, y los demás me reembolsaron.

Answer the following questions with a complete sentence that includes the verb from the question.

1. ¿Con qué sueñas normalmente? _____

_____

2. ¿A qué hora sales de casa? _____

_____

3 ¿Escuchas la radio a menudo? _____

_____

4. ¿Vas a tratar de aprender otro idioma? _____

_____

5. ¿A qué deportes juegas? _____

_____

6. ¿Ayudas a tus padres a hacer algo en casa? _____

_____

En la oficina de objetos perdidos

 Put these random sentences from a conversation in the Lost Property office in the correct order.

a. Empleado: Voy a tomar nota de lo que me dice. ¿Su nombre por favor? ☐

b. Carla: Sí, es el 25 22 87. ☐

c. Empleado: Bueno, señorita. Le llamaremos en cuanto sepamos algo. ☐

d. Carla: Buenos días. Acabo de darme cuenta de que he perdido mi bolsa. ☐

e. Empleado: Muy bien… grande… ¿Qué hay adentro? ☐

f. Carla: Es roja y de cuero. Es bastante grande. ☐

g. Empleado: Carla Gómez… ¿Y cómo es? ☐

h. Carla: Calle Ramos, 25. ☐

i. Empleado: ¿Tiene teléfono? ☐

j. Carla: Estaba caminando por el parque cuando me senté en un banco bajo un árbol. Quizás la dejé ahí. ☐

k. Empleado: Buenos días señorita. ¿En qué puedo servirle? ☐

l. Empleado: ¿Y dónde la perdió Vd.? ☐

m. Carla: Dinero en efectivo, unos veinte dólares en billetes, y mi tarjeta de crédito. ☐

n. Empleado: ¿Y su dirección? ☐

o. Carla: Vamos a ver… mi monedero, mis llaves, mi agenda… ¡Ay! ¡Y mi celular! ☐

p. Empleado: ¿Y en el monedero qué hay? ☐

q. Carla: Carla Gómez. ☐

Make up a dialogue similar to the one above in the Lost Property office. One person works there and the other has lost his or her hat.

_____

_____

_____

_____

_____

¿Qué estaba pasando?

El ayuntamiento pide a todo el público que vigile la zona del parque, donde recientemente se ha visto un aumento de grafiti en los muros.

Un señor, vecino del barrio, nos dijo que pasea por el parque con su perro todos los días. Pero el lunes por la mañana, mientras estaba caminando cerca del lago, vio que había un grafiti en los muros. Estaba horrorizado y llamó a la policía para denunciar, pero por el momento se desconocen los responsables. La policía sospecha de algunos chicos, pero quiere que los padres sepan a toda hora donde están los niños, y que les digan que no se puede tolerar el vandalismo, y que las consecuencias para los que cometen actos de vandalismo serán severas.

1. What has the town council asked?

2. Why have they done this?

3. When is it likely that the graffiti appeared?

4. How did the gentleman react when he saw the graffiti?

5. Who is responsible?

6. What do the police want parents to do?

7. What two things must they tell their children?

1. _____

2. _____

3. _____

4. _____

5. _____

6. _____

7. _____

Write about an accident that you had to report to the authorities. Using about 100–130 words, describe the following:

i. what you were doing when the accident happened
ii. what you saw
iii. your reaction
iv. what you did
v. what the authorities said

_____
_____
_____
_____
_____
_____
_____
_____

Asuntos financieros

Rewrite the following passage, adding some connectives to increase the interest. Remember, you may need to change the structure of the paragraph with some of these. Others can be found on page 187 of the Student Book. See how many you can use.

You may like to include:
Para + infinitive
Al + infinitive
Antes de + infinitive
Después de + infinitive

Sin + infinitive
Luego/entonces/después
Por consiguiente/en consecuencia/así que

Fui al banco. Quería cambiar dinero. Esperé en la cola. Era mi turno. Saludé al cajero. Me pidió el DNI. Presenté mi carné de identidad. Pedí cien dólares en cambio. Me dio el dinero en efectivo. Firmé el recibo. Me despedí del cajero. Salí del banco. Volví a casa.

_____
_____
_____
_____
_____

Ejercicio 18

Complete the crossword by translating the words into Spanish.

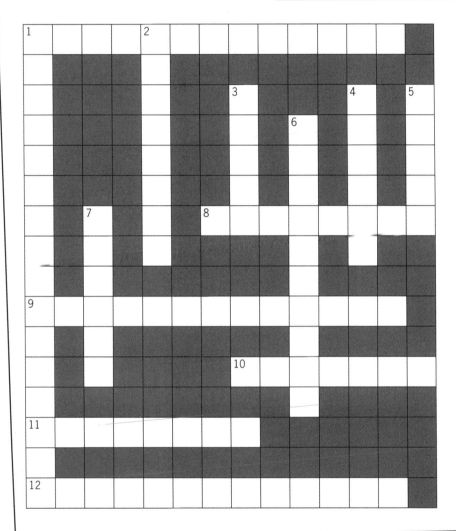

HORIZONTALES

1. postcard
8. coinage
9. traveller's cheque
10. note
11. tax
12. post office

VERTICALES

1. credit card
2. cash
3. ID document
4. exchange
5. bank
6. stamp
7. coin

Don Dinero

Los números

Read the following statements. Match each statement with the correct number. Be careful – there are too many numbers!

Los primeros Juegos Olímpicos de la época moderna tomaron lugar en (1) <u>mil ochocientos noventa y seis</u>.

La superficie total de Ecuador es de (2) <u>doscientos setenta mil, seiscientos noventa y nueve</u> kilómetros cuadrados, que incluyen las Islas Galápagos, que tiene una superficie de (3) <u>siete mil, ochocientos doce</u> kilómetros cuadrados.

Cuba consiguió su independencia en (4) <u>mil novecientos dos</u>.

Gabriel García Márquez, novelista colombiano, nació en (5) <u>mil novecientos veintiocho</u>.

La Unión Europea se formó en (6) <u>mil novecientos cincuenta y ocho.</u>

Hay (7) <u>trescientas veinte</u> especies de colibríes.

En (8) <u>mil novecientos noventa y seis</u> hubo un eclipse total en Centroamérica.

En (9) <u>dos mil dos</u> se naufragó el buque petrolero *Prestige* en aguas cerca de la costa de España, causando una catástofe ecológica.

Hay (10) <u>seiscientos treinta y nueve</u> músculos identificados en el cuerpo humano.

El Salto del Ángel en Venezuela tiene una altitud de (11) <u>ochocientos siete</u> metros. Es la catarata más alta del mundo.

1. _____
2. _____
3. _____
4. _____
5. _____
6. _____
7. _____
8. _____
9. _____
10. _____
11. _____

1928   320   1996   267,796   2004

1896   2000   1958   963   7,812

270,699   807   1796   2002   1902   693

708   720,966   639   330

Write the following quantities in words in Spanish.

1. 200 gramos de jamón _____

2. 500 gramos de mantequilla _____

3. 2 kilos de papas _____

4. ½ kilo de tomates _____

5. 750 gramos de queso _____

6. 900 gramos de zanahorias _____

¿Cómo ganas, y cómo gastas, el dinero?

Read what the following young people say. Complete their sentences using the words or sentences from the box below.

Yo trabajo el fin de semana. Gano cien dólares **1**. _____ me compro revistas, discos compactos y regalos para los amigos.

Mis padres me dan cuarenta dólares al mes, **2**. _____ no alcanza para muchas cosas. No ahorro nada **3**. _____ me dan.

Recibo dinero de mis papás en mi cuenta bancaria, **4**. _____ me compro la ropa, y pago los gastos personales.

Entre semana trabajo por la tarde en un supermercado. Ayudo a los clientes.

El dinero **5**. _____ gano es importante porque lo ahorro para mis estudios universitarios.

Muchos de mis amigos no consiguen ahorrar dinero. **6**. _____ trabajan es más fácil.

La familia **7**. _____ trabajo de vez en cuando es muy rica y me paga bien.

| de lo que | para los que | con el cual | que | para la que | con los cuales | lo que |

You are talking with a classmate about what he does to earn money and how he spends it. You are very interested and ask a lot of questions. Here are the answers; what are the questions?

1. _____

No, no me dan dinero mis padres.

2. _____

Sí, tengo un empleo.

3. _____

En un restaurante.

4. _____

Cinco horas al día los fines de semana.

5. _____

Diez dólares la hora.

6. _____

Es duro pero es interesante.

7. _____

A las siete de la tarde.

8. _____

A medianoche.

9. _____

Los gasto en ropa y en salir.

10. _____

Ahorro un poco para regalos.

Write the plural form of these words.
Be careful – some changes are needed!

el lápiz _____   la vez _____

el joven _____   una estación _____

la voz _____   el jardín _____

De tiendas

Read the floor guide in the department store.
On what floor would you hear the following?

GUÍA DE DEPARTAMENTOS

6ª Cafetería Aseos Cambio Agencia de viajes

5ª Electrodomésticos Informática Jardín Automóvil

4ª Muebles y Textiles

3ª Moda señores Deportes

2ª Moda joven Niños y bebés

1ª Moda señoras Zapatería

**PB* Tienda de música Librería Regalos Bolsos
Artículos de viaje**

S* Supermercado Droguería Joyería

*PB Planta baja   *S Sótano

---

1. – ¿Los tiene en un 38? _____

2. – La calidad de esta tela es excelente. _____

3. – Sí, pero el estilo no te queda bien, mamá. _____

4. – ¿Te gusta esta pulsera? _____

5. – Mira estas botitas. Son tan pequeñas. _____

6. – ¡Qué hambre tengo! ¿Qué quieres comer? _____

7. – Necesito una nueva raqueta. _____

8. – Queremos comprar otro frigorífico. _____

9. – ¿A papá le gustaría esta corbata? _____

10. – ¡Ay, qué bien! Aquí tienen el último de mi grupo favorito. _____

11. – ¿Qué quieres cenar esta noche? No puedo decidirme. _____

12. – ¿Dónde están los probadores? Me gustaría probarme esta gorra. _____
     Necesito verme en un espejo.

13. – Estos pantalones me quedan estrechos. ¿Los tiene en otra talla? _____

     – Sí, señor.

Complete this dialogue using the words from the box. Take care – there are too many words!

Cliente:	Buenos días. Quisiera ver este par de sandalias que están en el (1) _____ .	llevo
		mide
Vendedora:	Sí, ¿qué número (2) _____?	calza
		pagar
Cliente:	Un (3) _____ por favor.	cheque
		descuento
Vendedora:	Aquí tiene.	quedan
		tarjeta
Cliente:	Hmm, me (4) _____ bien. ¿Las tiene en otro (5) _____?	llamar
		probarlas
Vendedora:	Sí, en blanco o rojo, además del negro.	precio
		modelo
Cliente:	Quisiera (6) _____ en (7) _____ por favor.	escaparate
		rojo
Vendedora:	¿Qué tal?	37
		talla
Cliente:	Me las (8) _____ ¿Qué (9) _____ tienen?	color
Vendedora:	Son cuarenta dólares, con (10) _____ de un 10 por ciento porque es un (11) _____ del año pasado.	
Cliente:	Pues, estupendo.	
Vendedora:	¿Cómo quiere (12) _____?	
Cliente:	Con (13) _____ de crédito.	

Algunos cambios

Write the verbs in brackets in the correct form. Take care – some changes are needed!

1. Yo _____ (sacar – preterite) muchas fotos en la feria el domingo.

2. Baje la calle y _____ (cruzar – imperative) la plaza.

3. Anoche yo _____ (jugar – preterite) muy mal al tenis.

4. Yo _____ (empezar – preterite) mis deberes pero no los pude terminar por falta de tiempo.

5. Yo _____ (tocar – preterite) la flauta en la orquesta ayer.

¿Cuál es tu opinión?

Read this extract from an article in a fashion magazine.

Mucha gente se preocupa sobre el efecto de ver un gran número de modelos extremamente delgadas. En Madrid, en su semana de la moda, los organizadores prohibieron el desfile de modelos demasiado flacas. Y así se abrió el debate sobre la talla 0.

Lo de promocionar la imagen de la delgadez causa problemas entre los jóvenes de algunos países. Se interesan en la moda, ven a estas modelos, y quieren imitarlas. Esto lleva a problemas de anorexia y bulimia entre algunos de esa generación.

Read the opinions of these young people about size 0 models. Then summarise their views.

Me parece que los organizadores de estos desfiles tienen una gran responsabilidad por la salud física de los jóvenes. Si promocionan la idea de que sólo puedes llevar esta ropa de moda si eres muy, muy delgada, es sumamente irresponsable.

1. _____

_____

Yo creo que los jóvenes deben ser inteligentes al no seguir las tendencias de las modelos, deben tener confianza en si mismo sin preocuparse demasiado de seguir la moda.

2. _____

_____

Es muy importante que se coma bien en familia, que los jóvenes sepan que las modelos son profesionales, que trabajan para la industria de la moda, y que no son 'normales' en este sentido.

3. _____

_____

Me parece que los organizadores deberían usar modelos de talla más grande, de talla media. Y que en las tiendas y en las revistas de la moda, las modelos deben ser de una talla normal – mejor para ellas y para nosotros.

4. _____

_____

Ejercicio 10

Read this letter, sent to a fashion magazine, from a friend of a victim of the size 0 trend. Answer the questions that follow.

Escribo esta carta para advertir a los lectores sobre los peligros de seguir demasiado la moda. Tengo una amiga, que no quiero nombrar, que quería ser como los modelos que vemos en las revistas. Empezó a privarse de la comida, de perder el desayuno un día, o de no comer al mediodía otro día.

Y así empezó a perder peso y poco a poco se enfermó, hasta que un día su madre vino al colegio y habló con los profesores y los amigos de cómo podríamos todos ayudarle a recuperarse. Ahora compartimos la comida con ella, hay una rutina diaria en que todos comemos juntos y es algo muy sociable, y también sé que así lo hacen en casa. Y los profesores son muy simpáticos y tratan de mejorar su autoestima. Yo creo que estará bien dentro de poco. Y me alegro. Pero culpo a la industria de la moda.

1. How did her friend start to lose weight?

_____

2. Who intervened? _____

_____

3. Who did she talk to? _____

_____

4. What did she suggest? _____

_____

_____

5. How do the teachers help? _____

_____

_____

6. What does the writer of the letter think of the fashion industry? _____

_____

_____

Ejercicio 11

Answer the following questions, giving your opinion in a clear and organised way.

1. ¿Cuáles son las ventajas de hacer las compras cuando hay rebajas?

_____

2. ¿Crees que es seguro viajar hoy en día?

_____

3. ¿Cuáles son los beneficios de viajar al extranjero?

_____

4. ¿Crees que es una buena idea tener competencias mundiales de deportes? ¿Por qué?

_____

5. En tu opinión, ¿qué deporte es más popular entre los jóvenes? Justifica tu respuesta.

_____

From time to time, we all dream about what we would do, if only we could. The following young people talk about their dreams. Read what they say, then identify who is talking about which of the following themes.

el montañismo _____   los deportes _____

los chicos pobres _____   el medio ambiente _____

los parientes _____   conocer otros sitios _____

los animales _____   un futuro musical _____

Tania: Si pudiera me gustaría viajar por todo el mundo y visitar por lo menos un país en cada continente.

Alberto: Si fuera capaz, representaría a mi país en los Juegos Olímpicos.

Maite: Si tuviera la oportunidad haría alpinismo y subiría al pico más alto del mundo.

Alonso: Si fuera posible, daría conciertos en los Estados Unidos.

Pedro: Mi ambición es ser médico. Ayudaría a los niños necesitados del mundo. Les daría vacunas, y trataría de asegurar una dieta buena para ellos.

Lara: Si ganara la lotería, o algún otro premio financiero, establecería un centro para animales enfermos o viejos. Me encantan todo tipo de animales y sería increíble poder trabajar con ellos.

Isabel: Lo que más me gustaría es inventar algo para solucionar los problemas de energía del mundo. Si me dieran la oportunidad, investigaría maneras de ahorrar energía, o de producir más.

Carlos: Si tuviera la posibilidad de ayudar a mi familia lo haría en seguida. Podría construirles una casa grande, donde todos viviríamos, juntos. Y así podríamos cuidarnos el uno al otro.

Your uncle has just won the lottery! Write to a friend to tell him or her what your uncle will do with the money, and say what you would do with the money. Do you remember how to begin and end a letter to a friend? The answer lines continue on the next page.

_____

_____

_____

_____

_____

_____

_____

_____

_____

_____

_____

En cuanto llegue...

Cuando la rana tenga pelos is a Spanish proverb. Can you guess what it means? Do you know an English proverb with the same meaning?* This proverb uses the present subjunctive, as do the following statements. Match each beginning and ending correctly.

1. Siempre que llueva… ☐

2. En cuanto llegue el autobús… ☐

3. Tan pronto como vuelva… ☐

4. Cuando sea rica… ☐

5. Hasta que venga… ☐

6. Mientras él no vaya… ☐

a. … iré a la ciudad.

b. … le compraré un carro de lujo para mi papá.

c. … no sabré los resultados.

d. … no podrá verlos por si mismo.

e. … te llamaré.

f. … no saldré.

*This means (literally) 'When frogs have hair'. A similar English expression might be 'When pigs might fly'…'

Now it's your turn. Finish the following sentences in a similar way.

1. En cuanto le vea… _____ .

2. Cuando me llame… _____ .

3. Mientras no sepa los resultados… _____ .

4. Hasta que reciba la carta… _____ .

5. Siempre que me diga lo mismo… _____ .

6. Tan pronto como entre… _____ .

¿Qué nos trae el futuro?

Buscando un empleo

Read the following account of a young man's search for a job. Then answer the questions.

Javier acaba de terminar los exámenes y empieza a buscar un empleo. Cada día compra el periódico y busca en internet, en los sitios web de varias compañías cercanas. Ha enviado su currículo a algunos jefes de empresas en las cuales le interesaría trabajar, pero, por el momento no le han contestado. Le decepciona un poco porque es un chico muy responsable y quiere tener la oportunidad de mostrar sus talentos, pero, al mismo tiempo sabe que tendrá que tener paciencia.

Y, al cabo de una semana, llega la carta esperada. Quieren que vaya a una entrevista en una fábrica de productos alimenticios. El día de la entrevista se despierta temprano, se viste muy formal y va a la fábrica. Son muchos los que han pedido el empleo, pero tiene suerte y le contratan para empezar el lunes siguiente. Y aquella noche celebran su buena suerte en casa.

1. What has Javier just done? _____

2. Name two ways in which he is job hunting. _____

3. Who has he sent letters to? _____

4. How have they responded? _____

5. What has been Javier's reaction? _____

6. What does he tell himself? _____

7. When does the letter arrive? _____

8. Where is the interview? _____

9. How does he prepare for the interview? _____

10. Why is it so difficult to get this job? _____

Complete this job application form.

Nombre _____

Dirección _____

_____ CP* _____

Número de teléfono _____

Número de celular _____

Correo electrónico _____

Método preferido para el contacto _____

Edad _____ Fecha de nacimiento _____

Colegio _____

Asignaturas examinadas _____

_____

Asignaturas pendientes _____

_____

Experiencia laboral _____

_____

Intereses _____

_____

Posición solicitada _____

_____

Permanente o temporáneo _____

A tiempo parcial o a tiempo completo _____

¿Cuántas horas quiere trabajar a la semana? _____

¿Dónde se enteró de este trabajo? _____

¿Cómo le ven los amigos (3 cualidades)? _____

¿Por qué quiere este puesto? _____

*CP Código postal

Los jóvenes y la sociedad

Soledad and Martín are talking about voting.
Read what they say, then answer the questions.

Soledad: ¿Vas a votar tú en las próximas elecciones?

Martín: No. ¡Qué va! Aunque tenga la edad de votar no me interesa la política.

Soledad: ¿Pero, por qué? Es muy importante ejercer el derecho del voto. Imagina si
no tuvieras el voto…

Martín: Pero no cambia nada. Siempre hay corrupción en el gobierno.

Soledad: No cambiará nada si sigues con estas ideas. Somos nosotros los jóvenes
que podemos cambiar algo, pero sólo si votamos, así funciona la
democracia.

1. Why is Martín not going to vote?

   a. he's not old enough ☐

   b. he's not interested ☐

   c. he's happy with the government ☐

   d. he's going away ☐

2. How does Soledad try to persuade him to vote?

   a. she bribes him ☐

   b. she orders him to vote ☐

   c. she suggests he imagine life without
the vote ☐

   d. she says she'll take him to the polling
station ☐

3. What is Martín's opinion of the government?

   a. it's good ☐

   b. it's interesting ☐

   c. it's changed a lot ☐

   d. it's corrupt ☐

4. According to Soledad, who has the power
to influence things?

   a. the young people ☐

   b. the older people ☐

   c. the politicians ☐

   d. the democrats ☐

La política

 The Morales family are talking about politics. Read what they say, then answer the questions.

Carlos: Mira lo que pone en el periódico. Que este supermercado internacional va a establecerse en nuestro país.

Andrea: Muy bien. Habrá más trabajo, y tendremos más productos diferentes para comprar.

Carlos: Pero, ¿qué pasará con los pequeños comerciantes de nuestro país? No podrán competir.

Emilia: Es verdad. Además es mejor para el medio ambiente que compremos productos locales en vez de productos importados de paises lejanos.

Luz: Yo creo que es bueno tener el derecho de elegir.

Carlos: Pero sólo si no perjudica a nuestros productores.

1. What is about to happen?

    a. a supermarket is closing ☐

    b. an international supermarket is about to open ☐

    c. a new country is being established ☐

    d. they are going to stop publishing the newspaper ☐

2. What effects will it have?

    a. more employment ☐

    b. less choice ☐

    c. less traffic ☐

    d. more pollution ☐

3. Who will not benefit?

    a. the government ☐

    b. the small shopkeepers ☐

    c. the customer ☐

    d. the new supermarket ☐

4. What is better for the environment?

    a. if the goods sold come from abroad ☐

    b. if the goods sold are locally produced ☐

    c. if the local producers sell abroad ☐

    d. if the new supermarket gives more choice ☐

Ejercicio 5

Read this notice about an upcoming demonstration, then complete the statements with the most appropriate word or phrase.

DÍA DE ACCIÓN

SÁBADO, PRIMERO DE MAYO
MANIFESTACIÓN CONTRA LA GLOBALIZACIÓN

¿Te preocupa la influencia de las compañías multinacionales sobre los gobiernos del mundo?

¿Prefieres que cada país tenga más independencia en las decisiones que toma?

¿Quieres un mundo en que se respetan las diferencias, o en que nos imponen la homogeneidad?

REUNIRSE EN EL PARQUE CENTRAL A LAS 11
DESFILE HASTA LA PLAZA MAYOR
A LAS 2 HABLA EL PRESIDENTE
DE LA ONG* ANTIGLOBALISTA

Firma la petición en el ayuntamiento, dirigida a la ONU*

¡ASISTE!
¡NECESITAMOS TU AYUDA!

* ONG – Organización no gubernamental
* ONU – Organización de las Naciones Unidas

1. La manifestación es…

   a. antiacción ☐

   b. antiglobalización ☐

   c. antimundial ☐

   d. antipreocupación ☐

2. Toma lugar…

   a. el 1 de mayo ☐

   b. la primera semana de mayo ☐

   c. el 11 de mayo ☐

   d. el 2 de mayo ☐

3. Los manifestantes se reunirán a las 11…

   a. en la plaza ☐

   b. en la ONU ☐

   c. en el parque ☐

   d. en el ayuntamiento ☐

4. Para poner su nombre en la petición hay que ir…

   a. a la plaza ☐

   b. a la ONU ☐

   c. al parque ☐

   d. al ayuntamiento ☐

5. A las 2…

   a. hablará el presidente de la ONG ☐

   b. hablará el presidente de la ONU ☐

   c. irán a casa ☐

   d. empezará la manifestación ☐

¿Cómo proteger el medio ambiente?

Read the following article about simple things we can do to protect the environment. Then use the information to create a campaign poster for Greenpeace to persuade youngsters to help look after the environment.

¿El futuro del mundo te importa? ¿Qué podemos hacer para cuidar nuestro planeta?

La solución está en nuestras manos. Podemos empezar en casa y reducir el uso de energía y agua. Si apagamos las luces o bajamos la temperatura del agua de la lavadora esto ayudará. Por poco se empieza. Cierra el grifo mientras te lavas los dientes. Apaga el piloto de los aparatos eléctricos en *standby*.

Recicla el vidrio, el papel, el plástico y el aluminio. Reduce el número de bolsas de plástico que usas cuando haces la compra. Reusa las bolsas que tienes.

Usa el transporte público o vete a pie o en bicicleta cuando puedas. No uses el carro si no es absolutamente necesario.

Hazte socio de un grupo ecologista como *Greenpeace*.

Soluciones al problema de la energía

Read the following article about renewable energy, then answer the questions.

La energía renovable

Hay recursos limitados de petróleo, carbón y gas en nuestro mundo, y los científicos siempre buscan energías alternativas que usan fuerzas renovables, como el viento, el agua del mar o de los ríos y el sol.

Estas energías son gratis, y además, no contaminan tanto como el petróleo o el carbón.

Alguna gente opina que las turbinas son feas y causan polución visual, pero otras personas las contemplan como objetos de belleza.

¿Qué opinas tú? Cualquiera que sea tu opinión, es importante apuntarte al debate.

1. Why are scientists researching new energy sources?

_____

_____

_____

2. What are three common characteristics of wind, water and solar power?

_____

_____

_____

3. What is a disadvantage, according to some people?

_____

_____

_____

Días sin carros

El primer fin de semana de cada mes se prohiben los carros en el centro urbano

Servicio de autobuses adicionales y gratuitos todo el día

Aparcamiento sin pagar en las afueras

Several citizens are giving their opinion about the car-free day. Read their comments, then answer the questions.

Alejandro: ¡Que bueno es respirar el aire limpio!

Claudio: Me gusta mucho porque los niños pueden ir en bicicleta sin problemas de tráfico.

Yolanda: No hay tráfico.

Sarita: La gente parece más contenta, menos frustrada.

Alicia: Me gustaría que fuera cada fin de semana.

Juan: Todos aprovechan el día sin carros.

1. ¿Quién menciona la falta de problemas de tráfico? _____

2. ¿Quién está contento que sus hijos puedan practicar ciclismo sin peligro? _____

3. ¿A quién le gusta la falta de polución? _____

4. ¿A quién le gustaría dejar el carro cada sábado y domingo? _____

5. ¿Quién cree que todos obtienen beneficios de este día? _____

6. ¿Quién opina que todos son más felices? _____

¿Qué haces tú y qué deberías hacer?

Ejercicio 9

Answer the following questions about protecting the environment.

¿Qué haces tú en casa para proteger el medio ambiente? _____

_____

_____

¿Qué se hace en el colegio? _____

_____

_____

Now answer the questions about what else could be done to protect the environment.

¿Qué podrías hacer en casa para proteger el medio ambiente? _____

_____

_____

¿Qué podrían hacer en el colegio? _____

_____

_____

¿Qué debería hacer el gobierno? _____

_____

_____

Write a letter to your local newspaper to explain what you are currently doing to help protect the environment and what you will do in the future.

_____

_____

_____

_____

_____

_____

_____

_____

_____

_____

_____

_____

¿Cómo salvar el planeta en un año?

Next year's calendar features ideas for helping to protect the environment. Read the ideas for the year and add your own suggestions for each month.

ENERO

¿Qué hacer con el árbol de Navidad? Recíclalo, o si tiene raíces, plántalo en el jardín.

¿Qué regalos recibiste? ¿Te gustan todos? Organiza un grupo para intercambiar los que no te gustan o que no necesitan, o dálos a una obra benéfica.

_____
_____
_____
_____
_____

FEBRERO

¿Una cena romántica? Resiste la tentación de comer productos que no son de la región ni de la temporada.

Persuade a tu profesor a introducir 'puntos verdes' en el colegio, para el reciclaje de papel, botellas de plástico, vidrio o aluminio.

_____
_____
_____
_____
_____

MARZO

En la primavera se limpia la casa. Usa productos de limpieza que no son nocivos para el medio ambiente.

Solo compra productos de comercio justo, que benefician a los pequeños comerciantes y no a los grandes negocios.

_____
_____
_____
_____
_____

ABRIL

No tires los residuos vegetales a la basura. Usa un montón de abono compuesto.

Trata de convencer a tus amigos de no ir al colegio en carro, de usar o el transporte público, o la bicicleta, o, mejor aún, de ir a pie si es posible.

_____
_____
_____
_____

MAYO

Prepara abono para semillas y cultiva hierbas.

Colecciona agua de la lluvia en un cubo para regar las semillas.

_____
_____
_____
_____
_____
_____

JUNIO

Reduce el uso de agua. Dúchate durante menos tiempo.

Investiga las posibilidades de instalar paneles de energía solar.

_____
_____
_____
_____
_____
_____

JULIO

¿Quieres nadar? Vete al río o a la playa en vez de nadar en la piscina.

¿Vas de vacaciones? Trata de viajar por tierra o por mar, y no de tomar el avión. Reducirás las emisiones.

_____

_____

_____

_____

_____

_____

_____

AGOSTO

Si hay un exceso de algún cultivo, busca recetas para preservarlo, o congelarlo si es posible.

Si no te vas de vacaciones, aprovecha para disfrutar tu barrio y tu casa. Invita a los vecinos a una barbacoa con carbón vegetal ecológico.

_____

_____

_____

_____

_____

_____

SEPTIEMBRE

Ayuda a otros a limpiar la playa o el parque. Organiza grupos de amigos para coleccionar la basura en tu barrio.

Es el regreso al colegio. Si te hace falta ir en carro, busca a otros que viven en el mismo barrio para compartir el viaje.

_____

_____

_____

_____

_____

OCTUBRE

Ten más cuidado en apagar las luces. Baja la temperatura del aire acondicionado.

En vez de usar el aire acondicionado en el coche, abre la ventanilla.

_____

_____

_____

_____

_____

_____

_____

NOVIEMBRE

Persuade a tus papás a conducir más lento. Así se usa menos gasolina.

Organiza las compras de Navidad, comprando por correo de organizaciones benéficas.

_____

_____

_____

_____

_____

_____

_____

DICIEMBRE

Enciende las luces en el árbol de Navidad sólo cuando estás en la habitación.

Ahorra las estampillas de las tarjetas de Navidad y recíclalas.

_____

_____

_____

_____

_____

_____

_____

Answer the questions about the hints and tips for 'green' living given in the calendar.

1. What two suggestions are given for the disposal of Christmas trees?

_____

2. Name two things you could do with unwanted presents.

_____

3. What sort of ingredients should you aim to cook with?

_____

4. How could your school help in this 'green' campaign?

_____

5. What two suggestions can you make to your mother when she does her shopping for cleaning products and fresh fruit and vegetables?

_____

6. How could you best use your vegetable peelings?

_____

7. In what ways could your friends help the environment as they go to school?

_____

8. What two gardening hints are given?

_____

9. How could you save water when showering?

_____

10. What might be an alternative energy source?

_____

11. How could you save on chlorine usage?

_____

12. If you go on holiday, what is the best way to travel?

_____

13. How can you avoid waste if there is a glut of any one fruit or vegetable?

_____

14. What sort of charcoal should you use on the barbecue?

_____

15. How can you improve your neighbourhood?

_____

16. If you have to use the car to go to school or work, how can you reduce energy use?

_____

17. Name two other ways to reduce energy use.

_____

18. How can you drive to save energy?

_____

19. What might you do to benefit charity organisations at Christmas?

_____

20. What could you save for recycling at Christmas?

_____

Enfoque examen

The following pages contain a series of questions similar to those you will meet in the examination. It is divided into four sections, like the exam. The questions provide an opportunity for you to practise the reading and writing skills that you have acquired, under examination conditions.

Your teacher may give you these questions in class under exam conditions. You may also do them on your own too. You should answer the questions on separate sheets of paper, as you would in a real exam. If you decide to do this on your own, then time yourself. It should take you no more than 2 hours 15 minutes to complete the questions. Be honest with yourself!

You should, of course, take every opportunity to practise these skills on your own and with your classmates.

1 DIRECTED SITUATIONS

ANSWER ALL THE QUESTIONS.

Read the following situations carefully. Do not translate them, but write, in Spanish, the information required for each one. You should write no more than *one sentence* for each situation. It is not always necessary to write a complete sentence.

1. There is an emergency in the Chemistry laboratory. You rush to advise the Principal but his/her secretary insists that you send a note to him/her. What does your note say?

2. You missed an important choir practice last Friday. Send an email to the choirmaster to explain why.

3. You enter the office building and approach the elevator. It is cordoned off and there is a sign on the door. What does the sign say?

4. You were informed that your head boy/girl had just won a scholarship to the university. Write the note that you send in a card to him/her.

5. You go to visit a classmate who is very ill in hospital. Write the notice that you see posted on the closed door of his/her room.

6. You have had some robberies in your neighbourhood. Your parents write you one piece of advice for you to follow when you are alone in the house. What does the note say?

7. You are going on an educational trip. Send a brief note to your grandparents telling them where you are going and what you will do there.

8. You ordered an iPhone from a catalogue, but after eight weeks it has not arrived. Send an email to the company expressing your concern.

9. Your favourite Spanish teacher is migrating. Write the note you send to him/her expressing your regret.

10. You go to the bookstore to purchase the books on your booklist. There is a notice about the unavailability of two of the books at that time. What does the notice say?

2 LETTER OR COMPOSITION

Read the instructions carefully. You will lose marks if you do not follow them closely.
You are required to write a letter _or_ a composition, in Spanish, using one of the following outlines as a guide. Make sure that you use the correct verb tense, or tenses.

Letter
After many months of correspondence, you are expecting the arrival of your Colombian penpal. Write a letter to her:

i.   welcoming her to your country
ii.   giving details of your itinerary for her
iii. advising her on a possible budget and what to pack
iv. expressing your feelings on her upcoming visit

Composition
You have just finished your exams and have to make a career choice. Write a composition in which you include:

i.   the type of career you would like to pursue and why
ii.   the difficulties you have encountered in making this choice
iii. what qualities are necessary to be successful at this career
iv. how your schooling has helped you

3 CONTEXTUAL ANNOUNCEMENT OR CONTEXTUAL DIALOGUE

You are required to write *either* an announcement *or* a dialogue.

Contextual announcement
Read the following notes and then write, in Spanish, an announcement of about 80–100 words.

You are the owner of a fitness club that is offering 'specials' to young people for the summer vacation. Write the announcement that you intend to place in the local newspaper.

You must include answers to all the following cues in your announcement:

i.	the name of the club
ii.	what is being offered and for how long
iii.	two reasons why one should take advantage of this offer
iv.	the cost of the offer
v.	contact/location information

Contextual dialogue
Use the following introduction and cues to complete the dialogue. You should write about 80–100 words.

During the last Christmas holidays, you ran into a friend, Manuela, whom you have not seen for some time as you are now attending school in another country. You carry on a conversation about what has been happening since you last saw each other.

You must include answers to all the following cues:

i.	exchange of greetings
ii.	comments on how well your friend looks
iii.	discussion on some aspects of your new school
iv.	activities you are engaged in after classes
v.	some problems you have encountered
vi.	an invitation to visit your home

Manuela: Hola, Enrique. ¡Qué sorpresa! ¿Qué hay?

Yo: _____

_____

_____

Manuela: Regular. Tu estás guapo.

Yo: _____

_____

_____

Manuela: ¡Qué alegría! Estoy aquí para comprar regalos de Navidad. ¿Cómo es tu nuevo colegio?

Yo: _____

_____

_____

Manuela: Espero que sí. ¿Qué te gusta más del instituto?

Yo: _____

_____

_____

Manuela: Muy interesante. ¿Deben ser muchas actividades después de las clases, verdad?

Yo: _____

_____

_____

Manuela: ¿Qué problemas?

Yo: _____

_____

_____

Manuela: ¡Qué lástima que los profesores no sean simpáticos! Pero por supuesto, voy a venir a tu fiesta.

Yo: _____

_____

_____

Manuela: Claro. Vamos a pasarlo bien. Hasta el sábado.

4 READING COMPREHENSION

Read the following passage carefully. Do not translate it, but answer, in English, the questions that follow. Make sure that you include a number for each answer and that the answer matches the question.

Nuestra promesa

Siempre nos reuníamos en la cafetería de la universidad durante el receso de las 9.00 am, desayunábamos las típicas empanadas de queso y hablábamos sobre lo que nos aguardaba el futuro y de lo que seríamos y haríamos dentro de diez años. Norita, Antonio y yo pasamos más de media hora imaginando, pronosticando y haciéndonos promesas. Siempre recordaré lo que nos prometimos ese lunes: sin importar que pasara, ni que tan lejos estuviéramos, nos reuniríamos dentro de diez años, en ese mismo lugar para compartir nuestras experiencias y desayunar de nuevo esas empanadas.

Al finalizar la universidad, cada quien inició un nuevo rumbo, Antonio se fue al extranjero a realizar su maestría, Norita empezó a trabajar como ingeniero y se mudó a otro estado del país, y yo me casé y me fui al extranjero con mi esposo. Durante los siguientes años, nos enteramos que Antonio se casó pero no pudo tener hijos con su esposa por ser ella infértil. Norita, en cambio, tuvo tres preciosas nenas, Danielix y Piera, las gemelas, y luego Valentina. Yo tuve que enfrentar el reto de adaptarme a nuevas culturas debido al trabajo de mi esposo y las constantes mudanzas a otros países. Al pasar los años, mi esposo decidió renunciar y abrió su propia empresa y finalmente nos quedamos viviendo en Chile permanentemente.

Y tal cual como lo habíamos prometido, al terminar esa década, llegó el día del encuentro. Nos vimos, nos abrazamos y lloramos como nunca antes, porque sabíamos que nuestra amistad era única, fuerte y hermosa.

Questions
Answer *all* the questions.
Make sure that you answer in *complete sentences*.

1. What used to happen at 9.00 am?
2. What was the most important promise that Monday?
3. Who were the most important characters/people in the story?
4. What did Antonio do after finishing university?
5. Who were Norita's first children?
6. Did the narrator have any children?
7. What was the narrator's challenge?
8. Why did the narrator stay in Chile?
9. What happened after ten years?
10. Why did they cry?

OXFORD
UNIVERSITY PRESS

Great Clarendon Street, Oxford, OX2 6DP, United Kingdom

Oxford University Press is a department of the University of Oxford.
It furthers the University's objective of excellence in research, scholarship,
and education by publishing worldwide. Oxford is a registered trade mark of
Oxford University Press in the UK and in certain other countries

Text © Christine Haylett 2009
Original illustrations © Oxford University Press 2014

The moral rights of the authors have been asserted

First published by Nelson Thornes Ltd in 2009
Second edition published by Nelson Thornes Ltd in 2014
This edition published by Oxford University Press in 2014

British Library Cataloguing in Publication Data
Data available

978-1-4085-2373-5

14

Printed in China by Shanghai Offset Printing Products Ltd

Acknowledgements

Illustrations: Mike Bastin, Mark Draisey, KJA, Rory O'Neill, Roger Penwill, David Russell
Illustration, Sarah Wimperis (c/o Graham-Cameron Illustration)
Project management and page make-up: Cambridge Publishing Management Limited

Thanks are due to Jeffrey Britton, Margaret Leacock, Yorley Mendez, Georgia Pinnock and
Anji Ramnarine for their contributions in the development of this book.

The authoring team would like to dedicate the second edition of Qué Hay to the memory
of Ariola Pasos, our tireless colleague, whose energy, enthusiasm and generosity of spirit
remains an inspiration.

The authoring team and the publisher would also like to thank the following for
permission to reproduce material: cover and title page ticket background: iStockphoto;
p35: Getty Images; p44: Fotolia.

Although we have made every effort to trace and contact all
copyright holders before publication this has not been possible in all
cases. If notified, the publisher will rectify any errors or omissions at
the earliest opportunity.

Links to third party websites are provided by Oxford in good faith
and for information only. Oxford disclaims any responsibility for
the materials contained in any third party website referenced in
this work.